Julien Green

JOURNAL DU VOYAGEUR

Seuil

ISBN 2-02-12464-5

Le Vésinet. La Villa du Lac en 1914. J'avais perdu ma mère et la maison semble le savoir.

Page précédente : Stockholm, août 1938. Autoportrait.
A la recherche de l'inconnu perdu en nous-mêmes.

Avant-propos

De mes carnets de voyage j'ai tiré ces portraits de villes. J'ai omis Paris et Berlin. La raison en est que j'ai donné dans un *Paris* beaucoup de pages écrites à toutes les époques de ma vie sur la ville où je suis né et, quant à Berlin, ce sera à son tour un autre livre. Mais ces deux cités seront présentes en images. Et puis, bien sûr, j'ai dû choisir et il y a toujours une part de hasard dans un choix. Je ne pouvais pas non plus mettre toute l'Italie! D'autres villes ont disparu, car en 1940, alors que j'allais quitter l'Europe et regagner mon pays pour cinq ans, j'ai brûlé un journal de voyage. On m'avait donné ce mauvais conseil. Il y avait notamment dans ces pages mes voyages en Bohême, en Hongrie, en Saxe...

Je n'allais pas décrire par le menu tout ce que j'ai vu, ce sont surtout les impressions ou les sentiments d'un jour. On m'en saura gré comme on remercie intérieurement un homme qui fait un discours de ne pas être long.

Toutes les villes qui sont ici sont donc « mes » villes : je l'entends comme étant les villes telles que je les ai découvertes et qu'elles sont restées pour moi. D'autres les verront selon leur humeur; car c'est un des charmes de notre terre d'offrir à chacun de nous ce que son cœur cherche obscurément.

J'ai toujours été passionné de photos. Les premières que j'ai gardées, je les ai faites au Vésinet, certaines le jour même de la mobilisation en 1914, puis beaucoup en 1920 en Amérique, à l'Université, à Savannah. Plus tard, j'eus des périodes où je voulais fixer une image de tout ce qui faisait ma vie; chez moi, j'installais des échelles pour prendre des vues plongeantes de mes appartements successifs, avenue Wilson, rue Cortambert, avenue La Bourdonnais. Je gardais aussi le souvenir d'êtres qui m'avaient captivé ou séduit. J'avais une chambre noire, je tirais mes photos moi-même. En 1940, lorsque je dus regagner l'Amérique, la guerre emporta cette mémoire de carton et de papier et je n'en ai retrouvé à mon retour que des fragments, deux ou trois albums, dont les

1920. En Virginie, Mister Brown avait été l'esclave de mon grand-père qui lui avait donné un champ et une petite maison. Il a pris ma main entre ses mains chaudes et a dit que je ressemblais à « Massa Charles », ce qui était un beau compliment.

photos de ma chambre à l'Université, des vues du Trocadéro en démolition, des statues...

Puis, au cours de voyages, j'ai voulu de nouveau arrêter des moments de bonheur. Ce que nous offrent en général les cartes postales est banal, ce que nos proches voient ne ressemble pas au monde de notre œil. J'ai donc emprunté parfois un de ses appareils à mon fils adoptif. Quelquefois je n'ai pris qu'une seule image de toute une ville, mais je regrette de n'avoir pas eu avec moi mon appareil à Constantinople et à Chiraz.

La première photo qui accompagne ce journal de voyage date de 1914, la Villa du Lac, au Vésinet. La dernière fut prise à Berlin, presque soixante-dix ans plus tard. En les passant en revue, je remarque l'importance pour moi du ciel et des heures entre chien et loup. Ce sont des constantes, il y en a sûrement d'autres. A ceux qui les regardent de voir... *Prendre* des photos, c'est peut-être avoir le monde *à l'œil*, mais c'est surtout une façon supplémentaire de l'aimer.

J'avais placé ces villes par ordre alphabétique, mais il m'a paru plus amusant de suivre l'itinéraire de mes voyages, même si je suis revenu dans certaines cités à plusieurs reprises tout au long de ces années. La *première fois* a justifié ainsi cette sorte de vision du monde, car sans le savoir, sans le vouloir, c'est le premier regard qui enregistre tout et qui, comme le dit la langue anglaise, est le coup de foudre.

1934. Avenue Wilson. Le triporteur, les pavés, les premières feuilles, ce ne peut être que Paris...

La géographie du rêve

En regardant longuement certains paysages, il m'arrive de faire surgir quelque part au fond de ma mémoire des souvenirs qui me viennent je ne sais d'où. Ce pouvoir, je l'ai toujours eu. Il a enchanté mon enfance. Quelque chose, mais très peu, en est passé dans mes livres. Ce sont des souvenirs qui sont au-delà des vrais souvenirs, ceux qu'on situe, ceux qu'on date, mais comment exprimer quelque chose d'aussi secret? Plus on en parle, plus le mystère augmente... Ces jours-ci, j'ai fait mentalement une liste de tous les endroits que j'ai connus, où ces souvenirs s'éveillent. Par exemple, le charmant jardin en friche, derrière Saint-Julien-le-Pauvre, ou la salle du musée de Bruxelles d'où l'on a une vue sur des toits gris et noirs. Je n'ai jamais parlé de cela à personne. Quand j'étais enfant, j'écoutais ma sœur me jouer des pages de Schumann, et il y en avait une dont le titre me plaisait presque autant que la musique : *Des pays lointains*... Plus tard, j'inventai une espèce de géographie des pays lointains. L'Orient n'y figurait pas, mais Édimbourg, Anvers, la Frise y étaient à l'honneur. Tout dernièrement, en regardant une carte française des États-Unis, mes yeux se sont arrêtés sur les monts des Cascades et, pendant l'espace d'une ou deux secondes, j'ai éprouvé l'émotion d'autrefois, l'absurde et délicieuse nostalgie des pays lointains. On me croirait difficilement si je disais l'empire de cette idée enfantine sur toute une partie de ma jeunesse. Il est certain que l'habitude de situer le bonheur dans les pays lointains me gouverna jusqu'aux abords de la seizième année. Je ne me dépêtrais pas de mon enfance; la vie m'inspirait une défiance profonde et je n'aimais le monde que là où il coïncidait avec mes extravagantes conceptions. Et derrière toutes les idées que je me suis faites de la mort, il y a celle-ci, qui est un reste d'enfance, c'est qu'en définitive la mort est le plus beau de tous les pays lointains.

Paris

1968. Monument à Delacroix au jardin du Luxembourg (détail).
L'enthousiasme et la gravité des jeunes gens.

1984. Paris. Les Tuileries. Le hasard, sculpteur inspiré.

1937. Le pavillon italien de l'Exposition. La salle de Leptis Magna. J'avais pu photographier de grand matin, seul... →

PONTIFEX MAXIM

1981. Le ventre de Paris.

← 1973. Paris, Levez-vous vite, orages désirés!

1976. La cavalcade de la jeunesse immortelle (les Panathénées au British Museum).

Londres

Londres a été mon tout premier voyage. C'était en 1905 avec ma mère. Je ne me souviens plus que d'un cake mangé chez des amis et de notre visite à la Tour. C'était en hiver, il y avait du vent, nous sommes montés sur une plate-forme d'où l'on voyait les eaux noires de la Tamise... J'y suis retourné souvent, parfois pour des séjours fort brefs, parfois pour plusieurs mois. En 1936, je notais ceci dans mon journal de voyage.

A Londres, où je compte passer plusieurs semaines. Le salon où je travaille donne sur Brompton Road. Par la fenêtre, je vois le dôme noir de l'Oratoire catholique, et un peu plus loin un clocher du gothique victorien le plus pur. De l'autre côté de la rue, il y a une venelle qui mène à un vieux cimetière ombragé; de grands platanes y font régner, par les plus belles heures de soleil, la demi-obscurité d'un cellier de campagne; les dalles, enfoncées debout dans le sol, et certaines un peu de travers, sont grises et vertes comme si elles avaient séjourné au fond de la mer. L'église tout enfumée et à moitié revêtue d'une housse de lierre ajoute à la mélancolie délicieuse de cet endroit.

Dans un restaurant de Soho, étonnante conversation avec un éditeur anglais. Il croit que tout ce qui pourrait précipiter une révolution en France, c'est le luxe provocant étalé par les *fils de famille*! J'ai eu quelque peine à ne pas rire. Cet homme s'imagine, de plus, que s'il y avait une révolution, les Français ne brûleraient pas d'édifices comme font les Espagnols. Bref, une révolution qui respecterait les objets d'art. Je n'ai pas pu m'empêcher de dire, bien inutilement : « Et les Tuileries? » Écrasé d'ennui pendant tout ce déjeuner.

L'Adelphi Terrace disparaît. C'est un peu de la civilisation anglaise qui s'en va. A Londres, tout ce qui a plus de cent ans est menacé. On éventre les squares, on abat les églises. Je sais bien que la bêtise est en crue dans toute l'Europe, mais ici elle tourne au désastre national. En voyant partir tant de belles maisons dans les camions des démolisseurs, je me dis qu'après tout les peuples ont l'architecture qu'ils méritent et que, lorsqu'ils ne sont plus dignes de leurs palais, ils les détruisent. Haussmann n'a rien fait d'autre, car parfois il faut aussi construire la ville de demain... et demain est chassé à son tour par un autre demain.

A Chelsea. Visite de l'hôpital, magnifique édifice de Wren. De vieux soldats vêtus de drap bleu se promènent lentement dans les jardins, à la recherche d'un peu de soleil. Sur la brique noircie des murs, les chaînons de pierre jaune font l'effet de parements sur un uniforme; innombrables fenêtres, étroites et sévères, et fort peu d'ornements; toute la beauté de ces longues façades est dans un sens exquis des proportions allié au goût de cette époque pour le majestueux. Il flotte dans l'air une légère brume qui s'accroche aux grands arbres jaunissants et donne à ce paysage un aspect d'irréalité...

A Kenwood, près de Hampstead Heath. Cette charmante maison de style néo-grec donne sur une petite vallée boisée. Demeure froide et belle, avec ses vastes pièces nues, meublées seulement de deux ou trois chaises, d'une table et d'une vitrine. Beaucoup d'excellents tableaux, Rembrandt, Vermeer et Van Dyck. Ces peintures en moins, c'est le décor qui conviendrait à un roman de Jane Austen. Des fauteuils si fins et si fragiles qu'on craindrait de s'y asseoir, des commodes laquées à la chinoise; on n'imagine pas de gens se mettant en colère parmi des meubles aussi bien élevés. Dehors, une forêt. Nous sommes en plein Londres.

Par un temps de brouillard, ces jours-ci, j'achetais une chemise dans une boutique de Brompton Road. Mon vendeur, un homme à cheveux blancs, me dit que le vrai *fog* ne se voit plus à Londres depuis que le chauffage par l'électricité s'est répandu. Dans sa jeunesse, affirme-t-il, le brouillard était si épais qu'on ne marchait dans les rues qu'en frôlant les murs; ou bien, on faisait appel à ces nombreux aveugles qu'on trouve ici et qui, n'ayant pas besoin d'y voir pour se diriger et connaissant leur quartier en perfection, devenaient les plus précieux des guides.

Avec le collectionneur Fleichtheim, nous allons voir des lutteurs dans le West End. Ce genre de sport dépasse en sauvagerie ce que je pouvais imaginer, car, au bout de quelques minutes, les lutteurs se transforment en enragés et ne pensent visiblement qu'à une chose, qui est de tuer l'adversaire. Je sais que beaucoup de ces combats sont *truqués.* Ceux que j'ai vus hier ne me semblaient pas l'être; le premier met aux prises deux jeunes gens dont l'un cherche à étrangler l'autre, et, l'arbitre s'y opposant, l'étrangleur se jette sur lui et lui arrache sa chemise qu'il met en lambeaux. L'arbitre le gifle à tour de bras et, devant la fureur que ce geste provoque, saute par-dessus les cordes et se sauve dans la salle, poursuivi par le lutteur qui n'est plus à ce moment qu'une sorte de demi-fou. Si tout cela est simulé, ce n'est pas mal. Fleichtheim m'apprend que ce genre de folie dont je viens de voir un assez bon exemple s'appelle *wrestling intoxication,* et il ajoute, non sans une pointe d'orgueil, que la lutte anglaise est beaucoup plus brutale que la lutte française. Paraît ensuite sur l'estrade un énorme gaillard à la tête bouclée de dieu grec. C'est un ancien policeman. Il a affaire à une espèce de taureau, un Canadien lourd et trapu qui le renverse presque aussitôt, le saisit dans l'étau de ses jambes puissantes et le broie; les hurlements de la victime dominent les cris de la foule. Enfin, l'Anglais se dégage, se relève et marche sur son adversaire avec l'air de rétablir l'ordre sur la voie publique; ses yeux d'un beau bleu sombre brillent de fureur, mais il est parfaitement maître de lui. Saisissant le Canadien par la taille, il commence à le frapper vigoureusement à l'endroit le plus sensible, puis, comme un Samson, il élève la grande brute beuglant de douleur et de haine et le jette sur le sol de toutes ses forces...

Déjeuné chez Stephen Courtauld, dans sa maison de Portman Square. La décoration des pièces se réduit à des filets d'or le long des portes et des plafonds. On chercherait vainement une maison plus élégante et plus simple dans le raffinement de ses proportions. Le *Bar des Folies-Bergère* est accroché dans la salle à manger et j'ai du mal à en détacher les yeux pendant toute la durée du repas. Ce n'est pas seulement la qualité de ce merveilleux tableau qui me retient, c'est aussi l'énigme de la glace dans laquelle se trouve reflété un personnage que nous devrions voir de dos, au premier plan, et qui n'y est pas... Au salon, la *Loge* de Renoir et cinq magnifiques Seurat...

A la maison de Keats à Hampstead. Elle est assez petite, blanche, un peu isolée, très bien tenue. La chambre si paisible, avec son lit à rideaux semés de fleurs, la fenêtre qui donne sur le jardin, c'est le décor d'une vie qui pouvait être délicieuse, mais il y a Fanny Brawne avec qui on partage le jardin, et il y a la mort qui attend. Au rez-de-chaussée, le salon tranquille où Keats lisait pendant des heures immobile comme « le portrait d'un homme en train de lire ». La maison est entourée de chants d'oiseaux.

Je n'étais pas venu ici depuis la guerre et je suis heureux de retrouver un pays auquel je dois tant. Nous habitons Sumner Place, jolie rue bordée de petites maisons blanches à colonnes. Il semble à première vue que tout ici respire le bonheur ou tout au moins la tranquillité. L'Angleterre au bord du gouffre? Ce n'est pas du tout évident. Dans les jardins si nombreux de ce quartier de South Kensington, il n'est pas rare d'apercevoir un très gros chat sur son coussin au milieu d'une pelouse. Tout à l'heure, Éric et moi avons vu, au troisième étage d'une maison, une vieille dame mince et sans peur étendue sur l'étroit rebord d'une fenêtre sans barre d'appui, sans rien pour retenir la téméraire qui fumait imperturbablement sa cigarette. On serait tenté de voir là une image de l'Angleterre actuelle.

J'avais vu le *Temple* avant la guerre et en avais conservé un souvenir ébloui. Ma mémoire me montrait des espaces verts entre des rangées de maisons de brique couleur prune, il y avait dans tout cela une indicible poésie : silence, calme et solitude. La guerre a modifié l'aspect de ces lieux uniques, l'église a été aplatie, mais restaurée avec beaucoup de pierres anciennes, non sans habileté et non sans amour. Seul un œil exercé pourrait discerner ce qui manque et ce qui est neuf. Quant à certaines des *courts* jadis couvertes d'herbe, elles sont aujourd'hui pavées et un certain nombre de maisons ont dû être reconstruites ou réparées, mais l'ensemble demeure admirable. Manque l'indéfinissable charme du vieux *Temple*. Celui de Dickens. C'est un grand rêve dont Londres essaie de se souvenir et dont il ne se rappelle que des fragments épars. Lincoln's Inn Fields a moins souffert. On ne peut que regarder avec émerveillement ce vaste enclos de maisons rouge foncé, groupées autour d'immenses pelouses où s'inclinent de vieux arbres dont les branches s'étendent librement au loin sans que personne y touche ou songe à les couper comme à Paris.

A la National Portrait Gallery, qui donne une très frappante image de l'Angleterre depuis la Réforme jusqu'à nos jours. La féroce énergie des grands réformateurs, comment pouvait-elle ne pas les faire réussir à imposer leurs vues? Un buste du pauvre Edouard VI, figure poupine aux yeux globuleux, gorgés de fanatisme. Avec le sérieux du XVIIe et la malice du XVIIIe et partout la volonté de

Mai 1976. Londres. Maison de Hawthorne à Hampstead. Par cette petite porte dans le mur de brique, je m'attendais à voir les personnages de « La Maison aux sept pignons » aller faire un tour en ville, tant est vivant pour moi tout ce que le grand visionnaire a écrit.

grandir et de dominer, toute l'âme de l'Angleterre se révèle derrière ces visages où triomphent le courage et l'orgueil. Tout cela depuis le regard tendu de bête sauvage qu'ont certains protestants d'Elisabeth jusqu'au monocle de Joe Chamberlain...

Dans la City, tout en haut d'une tour d'une compagnie de pétrole, au vingt-et-unième étage, d'où l'on a une vue d'un Londres qu'on ne connaît pas : la cité presque tout entière rebâtie, après les bombardements; que de tours géantes! Sommes-nous en Europe ou en Amérique? Cela n'est pas sans beauté, c'est le monde d'aujourd'hui qui étouffe celui d'hier. Quelle puissance énorme tout cela représente, mais entre les mains de qui va-t-elle passer, c'est ce que je me demande. Dans le bureau du conseil, il y a une table dont les proportions excèdent ce qu'on croirait possible, elle est ronde et donne l'impression d'être aussi grande que la place Fürstenberg.

Au zoo, à Regent's Park, on entre dans la gigantesque volière par un sas, et, sur la rampe de la passerelle qui traverse ce petit territoire d'oiseaux libres, un pélican confortablement assis regarde les visiteurs à quelques pas de lui avec une sorte de sagesse immémoriale : « Vous vous croyez libres aussi, semble penser son petit œil rond et brun, mais non, vous êtes comme nous, sur une autre échelle. Vos filets sont plus loin. Vous pouvez bien envoyer des hommes sur la lune, votre liberté est mesurée et en tant que corps vous n'avez même pas la faculté de traverser les airs par vos propres moyens. Alors! »

Plus loin, c'est le gorille grimpant d'une main dans sa cage faite de tubes et nous défiant, nous, pauvres acrobates, de son regard rouge.

Les enfants ne ressentent-ils pas comme lui que ces cages ou ces espaces bornés de fossés mettent entre eux et la nature un sentiment d'hostilité? Les promènerait-on dans une prison?

Le soir, dans un jardin près de la maison de Carlyle, nous avons écouté pendant un long moment une grive que nous voyions au bout d'une branche noire. Son chant, ses appels, trois fois, quatre fois la même note presque stridente, puis une petite phrase tantôt question, tantôt réponse, le ravissement de ce chant dans le ciel de printemps, d'un vert lumineux, au plus profond d'un grand silence... Et dans le jardin en dessous, les fleurs du *mixed border* devenues toutes noires, mais qui sentaient délicieusement bon.

1976. Londres. Le penseur (Regent's Park).

Je suis allé regarder une rangée de maisons près de Brompton Road. Elles m'ont paru d'une beauté singulière au crépuscule, une beauté de roman, avec leur façade de brique rouge brûlé, la porte d'entrée de chacune peinte d'une couleur différente. Derrière un rideau de paulownias et de marronniers, elles m'observaient de leurs fenêtres aux vitres noires sans rien livrer de leur mystère. Il faut dire qu'elle avaient l'air sinistre à souhait. Je me suis abandonné, non sans plaisir, à leur envoûtement.

Mes souvenirs de Londres me rappellent la valise de mon père, couverte d'étiquettes, Istanbul, Rome, Prague, La Nouvelle-Orléans, etc. Je n'en finirais pas moi aussi de décrire les Londres que j'ai vus, *mes* Londres. Plein d'images surgissent dans mon souvenir depuis ce jour de 1905 où je revois ma mère arranger dans le vent une mèche de cheveux sous son chapeau sur l'esplanade de la Tour, jusqu'à cette journée de promenade avec André Gide dans Belgravia et Chelsea, et les dîners chez Vyvyan Holland, le fils d'Oscar Wilde, et des matins à Edgerton Gardens où j'écrivais un roman, et ces promenades à Kew Gardens, à Dullwich, à Richmond où mes pas de 1976 ont croisé ceux du jeune homme que j'avais été là, près d'un demi-siècle plus tôt.

Versailles

Les *actualités* nous font voir Versailles, un jour de grandes eaux. Une vue prise d'une façon particulière m'a étrangement remué. Le spectateur se trouve au bas d'une des avenues qui montent à la grande terrasse et ne voit du château qu'une extrémité, le reste étant caché par des arbres. Musique du XVIIe siècle, basse et rapide, profonde, mystérieuse comme un fleuve souterrain. Alors s'est installée en moi une image bizarre dont rien n'a pu me distraire pendant toute la soirée. J'ai *vu,* dans un endroit désert de l'Amérique, peut-être en Caroline du Sud, peut-être en Georgie, sur les bords d'un vaste fleuve limoneux, un gentilhomme de la cour de Louis XIV. Il est étendu sur le sable et perd son sang par une large blessure. Au moment où il va mourir, il revoit le château de Versailles, non en plein jour, mais à l'aube, avant même que les valets soient debout. Ce château lui apparaît alors tel qu'il est spirituellement, une chose de sang et d'ombre...

Le lendemain j'ai voulu revoir Versailles. Il y avait de la brume dans la lumière, et le ciel bleu pâle, au-dessus de nos têtes, tournait au gris vers l'horizon, un beau gris violacé comme on en voit aux plumes des pigeons. Les bois encore verts paraissent noirs et le château tout jaune. Je suis allé m'asseoir dans le bosquet d'Apollon qui est, sur cette terre, un des endroits où l'on est le mieux pour rêver. Son silence, son mystère, ce quelque chose de secret qui s'y cache, tout m'y plaît. On est là à l'abri du temps. J'ai longuement regardé Apollon au milieu de sa cour. Il se tient à l'entrée d'un palais creusé dans le roc et dont on voit quelques colonnes. Au-dessus de lui, un bouquet d'arbres; à ses pieds, l'eau d'un bassin. Tous ces personnages de marbre blanc rivalisent de banalité dans leurs attitudes, et c'est en cela même qu'ils m'intéressent... L'ennui est peut-être un des éléments constituants de la beauté, et l'humanité salue les chefs-d'œuvre d'un long bâillement admiratif.

J'ai visité ensuite le théâtre que Louis-Philippe a fait peindre en rouge, en vrai barbare qu'il était. Les ornements de Pajou sont de toute beauté. La scène et les coulisses m'ont paru d'une poésie merveilleuse sans doute à cause du silence – j'étais seul –, à cause de tout l'espace vide, et aussi à cause de cet aspect de grenier dans une maison de campagne.

L'ennui terrible de Versailles en plein soleil. On se réfugie dans la fraîcheur mystérieuse des larges avenues sombres où veillent les dieux aveugles. Les longues allées qui semblent disparaître dans du bleu, le mystère de tout cela – mais lorsqu'on découvre tout à coup le grand Trianon avec son impitoyable symétrie, on croit voir une image parfaite du désespoir. Le plan du château, les routes qui en partent, les grandes écuries, tout correspondrait à un mythe solaire, le soleil touchant d'abord le lit de Louis XIV après avoir effleuré la tête de l'Apollon qui est au bout d'une avenue, le nombre des pièces répondant aux saisons, aux mois, etc. Y a-t-il des documents de l'époque pour appuyer cette théorie? Non, c'était tellement connu, paraît-il, que personne ne s'avisait d'en faire mention par écrit. Cela ne me rend pas plus attirante cette construction d'un mégalomane cimentée dans la froide boue des marais par le sang de milliers de morts.

Milan

Que diable allait-il faire dans cette galère? me semble une question des plus pertinentes aujourd'hui. Pourquoi être venu ici? Quel démon m'avait soufflé cette idée? La vague grise sur laquelle nous nous trouvons me donne le mal de mer. A travers les pinacles le monde m'apparaît aussi net et éloigné que par le mauvais côté d'une longue-vue. Autour de tables moins larges que des boutons de col, des pygmées sont assis, une fanfare plus petite qu'un ensemble de soldats de plomb lance vers le ciel de minuscules explosions de musique... Nous sommes sur le Duomo et son toit gris veut nous verser en bas sur la place. Tout Milan est à nos pieds. On me dit que ces étincelles lointaines ce sont les neiges des Alpes. Avant d'aller plus loin dans le vertige, regagnons l'ascenseur. Dans sa cage de ciment, le frère de celui qui m'emmenait dans les entrailles de la terre à Falun me redépose en bas sur terre, sur la place de la cathédrale où les façades se renvoient les grands airs d'*Aïda*. La Galleria est redevenue la Galleria et non plus une chatière pour Lilliput; il est plus rassurant d'entrer sous ce chapiteau de verre que de se promener là-haut où la mince flèche sert de bergère aux pinacles frisés comme des moutons gothiques.

Pour nous remettre, allons chez Biffi, Biffi alla Scala, l'un de ces quelques restaurants qui vous séduisent et que l'œil pas plus que le palais n'oublient. Les sièges larges, l'énorme table couverte de pyramides de fruits, la lumière que tamisent les stores, les fleurs, c'est l'atmosphère d'un souper dans les jardins d'Armide, Second Empire.

La dernière fois j'étais venu ici en juin 68. J'avais déjà été très frappé par la beauté de la cathédrale. Le mystère de la lumière disparaissant dans des régions de pénombre; l'immensité des voûtes, des piliers, l'espace, les huit ou dix prélats en violet. Dehors, une messe en plein air, les paroles dominant tout bruit, les phrases de la consécration planant sur une foule de manifestants silencieux, drapeaux, soldats, fusils, vétérans des deux guerres, dans tout cela une force énorme d'opposition à l'incroyance. « Mais, m'avait dit Piovene, si l'Italie devenait communiste, les communistes iraient à la messe. » A déjeuner, comme je lui confiais que souvent je ne savais que dire dans des circonstances de la vie et que j'avais l'esprit de l'escalier, il m'a regardé avec sa gravité moqueuse d'Italien : « C'est naturel pour le père d'Adrienne Mesurat! »

L'après-midi, j'avais fait une longue promenade dans l'immense parc zoologique... Assis sur un banc, j'entends tout à coup des cris horribles et je pense : « Ici, comme à Paris, ils ont leurs émeutes. » Je me lève et me dirige vers l'endroit d'où viennent les vociférations. Ce sont les otaries qui réclament leur goûter, mais de loin l'illusion était parfaite.

Ce qui me frappe tout d'un coup, à Sainte-Marie-des-Grâces, c'est la beauté de l'espace entre les voûtes. Je ne peux le décrire autrement. Au-dessus du maître-autel, une grande croix noire semble prendre les mesures du vide – mais n'est-ce pas le sens de toutes les croix? Tout près, dans le réfectoire, une fresque effacée est le prétexte d'une sorte de spectacle joué par le guide pour le bénéfice du troupeau des touristes. En roulant des yeux, il imite la pose de chaque apôtre.

Dans un commentaire à sa façon, Bloy aurait dit que ç'aurait fait vomir un crocodile. La fresque elle-même me déçoit profondément. En vérité, on ne peut plus rien voir, sauf la composition générale, mais je suis gêné par son aspect de solution élégante d'un problème d'arithmétique : 4 fois 3 = 12. Étant donné douze hommes autour d'une table, à droite et à gauche du Christ, comment les placer de telle sorte qu'on ait en même temps de la confusion et de la monotonie? Au milieu de ces dîneurs gesticulant, l'immobilité du Christ nous émeut.

Au palais Sforzesco, la *Pietà Rondanini* de Michel-Ange laissée inachevée. Les jambes à elles seules disent toute la souffrance. Le visage de Marie domine cette masse de douleur, il est majestueux, triste, puissant. *Virgo potens.* Un Christ du XIVᵉ siècle par un artiste inconnu. C'est simplement un homme qu'on vient de mettre à mort, un visage qui est celui de l'humanité entière, sans rhétorique, sans rien de théâtral, le plus beau que j'aie vu.

Je me souviens aussi de cette ville un jour de décembre 1917, alors que j'allais gagner le front italien près de Trévise. Avant l'aube, j'errais dans les rues noires de cette énorme ville, mon sac sur le dos. N'ayant jamais eu à aucun degré le sens de l'orientation, je m'étais perdu. Au coin d'une rue, j'abordai un vieillard vêtu comme un paysan et lui demandai où se trouvait la via Solferino. « La via Choulferino? » répéta-t-il. Il me l'indiqua avec des gestes que je compris et, dans la lumière électrique d'un immense garage rempli de voitures ambulances, je me trouvai bientôt au milieu de mes camarades. Il est curieux de repasser des années plus tard dans les mêmes rues. Quels que soient les changements, quelque chose demeure que rien ne peut effacer, ni la lumière du soleil ni les passants : l'ombre de celui que l'on était et qui refait son voyage dans notre souvenir...

Venise

Cette ville qu'on empêche de mourir et qui pourrit vivante dans ses eaux sales, je ne puis trouver le moyen de m'y attacher. Je la vois pour la seconde fois et sa beauté a quelque chose qui m'horrifie. C'est un visage sur lequel s'agrandissent, se multiplient des taches de décomposition, et l'amour qu'on lui porte m'a toujours semblé un amour de nécrophile. Rien de plus mélancolique à mes yeux que le soleil sur ces vieilles pierres.

A San Giorgio degli Schiavoni, je me suis attardé très longtemps à cause de l'impression singulière que me faisait cette église. Les Carpaccio mis à part, l'église elle-même n'a rien de très remarquable, c'est une grande salle basse qu'éclairent médiocrement deux fenêtres grillagées, mais cet endroit m'a paru avoir la qualité magique particulière aux endroits qui nous semblent familiers bien que nous ne les ayons jamais vus. Encore une fois, les peintures n'étaient pour rien dans ce que j'appellerais mon ravissement si une certaine inquiétude ne s'y était mêlée. Dehors, des enfants jouaient au bord du canal et leurs cris ne faisaient qu'augmenter et compliquer ce sentiment bizarre. Certes, il me plaisait d'être là ; ce qui me troublait, dans cette salle basse faiblement éclairée, c'était une impression de *déjà vu* si forte et si précise qu'il semblait que dans ma mémoire quelque chose dût se déclencher. Au bout d'un moment, j'ai fini par en éprouver une sorte d'irritation, et je suis sorti.

La Tentation du Christ au désert, à San Rocco. Ce sujet n'a jamais attiré que fort peu de peintres, et je me demande pourquoi. Peut-être faisait-il peur. Tintoret l'a traité avec sa hardiesse coutumière, mais il lui a donné peu de place. Par une audacieuse intuition, il a fait de Satan un être d'une beauté surhumaine, une sorte d'athlète au visage rêveur, aux bras cerclés de métal et de pierres précieuses. Tel qu'il est, ce Satan m'a paru plus intéressant et d'une vérité plus profonde que le ramoneur biscornu imaginé par les Primitifs.

A San Zaccaria, j'ai pour guide une sorte d'apache dans la bouche de qui les noms vénérables de Vivarini et de Veneziano ont

1961. Les gondoles attentives comme des masques nègres (Venise, grève des gondoliers).

un son bizarre. Il me fait voir des fresques récemment découvertes, on avait enduit les murs de chaux après la peste de je ne sais plus quelle année du XVIIe siècle, et en plus du pourboire que je lui donne, il me demande une cigarette!

A l'hôtel, dans la salle à manger, Bernard Shaw lisait son journal alors que sa femme mangeait des nouilles devant cette muraille de papier. Une autre fois, j'ai vu cet écrivain assister, l'air très sarcastique, à une manifestation qui ressemblait à une crise de nerfs.

Les musées et les églises. A quoi bon parler de ce qui est dans les livres? Le lyrisme provoqué par Venise est presque toujours d'une très mauvaise qualité. Beaucoup réfléchi ce matin, à Saint-Marc, et longuement regardé les mosaïques anciennes. Saint-Marc paraît beaucoup plus petit que je ne le voyais par le souvenir. C'est un gros joyau oriental. Visité les prisons du palais des Doges. Ce magnifique palais édifié sur de telles souffrances. Chaos de la vie humaine.

Un incident curieux. Dans une ruelle, on arrête un homme et il se débat si violemment qu'il a fallu le porter au poste de police. La foule suivait, avide de savoir ce qui allait se passer.

Je me souviens de ma première visite à Venise. J'avais dix-sept ans. Dès que j'eus mis le pied sur la place Saint-Marc, je crus que je perdais la tête. Rien au monde ne m'avait paru aussi merveilleusement beau que cette ville qu'on détruira un jour, justement parce qu'elle est trop belle. L'air était tiède et je voyais tout dans le poudroiement d'un soleil vainqueur. De rue en rue, je marchais comme un être halluciné, tenant des doigts un plan dont je ne me servais pas, car j'aimais mieux me perdre, et de toutes ces allées et venues je n'ai conservé qu'un souvenir d'étourdissement.

Le soir, la promenade sur le quai des Esclavons, dans la lumière heureuse, les voix bavardes qui chantent en parlant, la foule insouciante, les marins, les filles, le démon de bonne humeur, les grands espaces roses et ambrés dans le ciel, la silhouette mauve des coupoles de la Salute, tout cela qui grise et qui étourdit. J'ai l'impression d'une fête perpétuelle. Les nations lointaines meurent de faim, l'ignores-tu? Non, mais je constate que dans cette ville qui s'enfonce sous les eaux la vie ressemble toujours cependant à une fête.

Rome

En 1918, au début de juin, j'arrivai à Rome, dans l'appartement qu'habitait ma sœur Mary. D'un grand geste de la main, elle me désigna la fenêtre par où l'on avait une admirable vue de Saint-Pierre. Comme dans un rêve, j'aperçus pour la première fois ce dôme lointain se détachant sur un ciel sans nuage, et j'éprouvai en même temps une joie profonde. Je restai muet. Que peut-on dire de frappant sur le dôme de Saint-Pierre devant des Italiens un peu moqueurs?

Le lendemain, tôt le matin, je m'élançai dans la rue. Hélant un fiacre, je demandai au *vetturino* de me mener à l'église des Jésuites, le fameux Gésù, fameux pour la richesse de ses ornements et son inimitable voûte en trompe-l'œil. Malheureusement, je ne pus faire comprendre ce que je voulais et ce fut en vain que je criai au *vetturino :* « Gésù! » Il me prit sans doute pour un exalté et, haussant doucement les épaules, fouetta son cheval qui s'en alla en trottinant.

Mon premier séjour à Rome ne dura pas plus de trois semaines. On me mena le soir au music-hall où triomphait un comique appelé Petrolini qu'il fallait à tout prix trouver drôle et qui me fit prendre le monde en grippe, moins à cause de sa malice que parce qu'il me semblait stupide. On me mena au Forum et au Colisée. A Saint-Pierre, je fis ce qu'on m'avait dit, je levai une main pour la comparer aux chérubins de marbre qui s'agitaient dans une chapelle et me semblaient petits, alors qu'ils étaient quatre fois gros comme moi, ainsi que je pus m'en rendre compte. J'admirais tout ce qu'on me disait d'admirer, la hauteur stupéfiante des voûtes, l'or qui faisait rutiler les plafonds des basiliques, l'exquis et le colossal, tout. J'étais heureux d'être à Rome. Cependant, lorsque je me vis à Sainte-Agnès-hors-les-Murs, si ancienne et si merveilleusement belle, je me sentis envahi par une joie qui fit mourir les paroles sur mes lèvres. Tout autour c'était la campagne et, entre ces murs, un silence semblait venir du temps des apôtres. Je touchais la Foi, elle circulait comme du vent, je la respirais, j'aurais voulu qu'elle me fît mourir pour vivre à jamais. Ce que Saint-Pierre ne m'avait pas donné, cette petite église perdue dans l'herbe et dans les arbres m'en comblait. Elle devait se souvenir des premiers papes martyrisés, elle entourait le visiteur d'une prière muette qui le retirait doucement de ce monde. Cette espèce de ravissement dura quelques minutes et je partis à regret, puisqu'il faut toujours partir, puisqu'il faut que tout finisse, toujours...

Des années se sont passées et me voici de nouveau à Rome. Ce matin, à Saint-Pierre. Trop écrasé pour comprendre, pour voir même. Tout dans cet édifice semble viser à l'étonnement, à l'intimidation du visiteur. On tendait de velours rouge les monstrueux pilastres et je regardais les *sanpietrini* se promener le long des corniches. L'un deux se faisait hisser là-haut sur une espèce de balançoire qui le lançait vers les murailles, chaque fois un peu plus haut, jusqu'à ce qu'enfin il atteignît ses camarades. J'ai pensé crier d'émotion en le voyant ballotter dans le vide, mais, au moment où il allait donner contre un pilastre, il envoyait un coup de pied qui le lançait en l'air, lui et la planchette sur laquelle il était assis. Avouerai-je que dans cette église, je me suis senti aussi peu touché que dans une gare? C'est, je le crains, un cœur rebelle que j'ai promené sous ces voûtes colossales.

Le jeudi saint, à Saint-Pierre, pour voir laver l'autel. Cette cérémonie attire beaucoup de monde et nous sommes entrés avec difficulté. Autour de nous, on parlait à tue-tête. Dans un coin de la basilique, une file interminable de fidèles passe sous la longue férule d'un chanoine à moitié évanoui de fatigue : c'est un gros vieillard pâle, vêtu de moire pourpre et d'hermine; sa main lasse a un geste incertain pour incliner cette férule pénitentielle sur la tête de tant de monde. Il ressemble, sur son trône, à un fonctionnaire romain dans une fresque de Piero della Francesca. Cependant les cierges s'éteignent et le dernier psaume s'achève.

La foule reflue vers le grand autel baroque du Bernin. Énorme brouhaha. Les fidèles bavardent joyeusement; les chants voyagent d'un point à l'autre de la basilique, se répondent, s'appellent de nouveau et semblent se chercher comme des aveugles. On verse de l'eau sur l'autel, après qu'un bruit de tonnerre a annoncé que le Christ vient d'être appréhendé. Ce bruit est obtenu par la chute d'une masse énorme de livres, amplifié par l'écho. Le clergé se dirige alors vers le maître-autel. Trois évêques d'abord, puis le cardinal

Pacelli essuient la pierre de l'autel avec des bouchons de paille fixés à des gaulettes. Suivent d'autres prélats, chanoines et bénéficiaires, enfin les enfants de chœur, qui n'intéressent personne. A ce moment la procession contourne notre groupe et il y a un grand remous qui fait que nous ne pouvons plus seulement bouger. Tout le monde rit et bavarde comme dans une fête. Quelqu'un derrière moi crie d'une voix aiguë : *« Ma dove è quel piccolo cardinale? »* Le cardinal passe à cet instant. Il est d'une dignité admirable, avec de grands yeux fixes et un rien de strabisme dans le regard. J'ai à peine le temps de le reconnaître, car il marche très vite et disparaît presque aussitôt. C'est le cardinal Pacelli. Un peu plus loin, des soldats rient et parlent comme dans la rue. Un superbe gendarme en bicorne à plumet rouge sourit à une femme qui lui fait des agaceries. Elle se rapproche adroitement et je la vois glisser dans la main du gendarme un petit papier plié. Je sors et me retrouve sous la colonnade du Bernin, à la fois ébloui et déçu...

Ce n'est pas de l'eau, mais du vin et de l'huile qu'on verse sur l'autel de Saint-Pierre le jeudi saint. Et c'est un cardinal pénitencier, non un chanoine, qui fait passer les fidèles sous sa férule.

Un peu après midi, je me trouvais sur la place Saint-Pierre avec plusieurs milliers de personnes. Au balcon de la *loggia* le souverain pontife apparut pour bénir la foule qui l'acclamait. Il était assis sur cette *sedia* qui lui procure, me dit-on, de si grands malaises. Derrière lui palpitaient les *flabelli*. Dans la grande fenêtre à droite de la loggia, les cardinaux faisaient une admirable tache couleur de groseille. Sur la place, des centaines de jeunes catholiques allemands hurlaient : *« Heil! »* en étendant le bras droit. La foule agitait des mouchoirs. Cette scène si souvent décrite est très émouvante, mais de religion dans tout cela je n'en vois point.

A Frascati. Tout en haut de la villa Aldobrandini, il y a un petit bassin bordé d'une muraille de cyprès. En plein midi, cet endroit a quelque chose de nocturne et presque de funèbre, qui me ravit. Je me promène dans les jardins de la villa avec un sentiment de bonheur que je ne puis décrire. Le monde n'offre rien de plus agréable que ces terrasses ombragées de chênes verts et cet escalier d'eau dont la fraîcheur me pénètre sous un ciel torride. J'aurais voulu rester sur la margelle de ces vasques, dans ce bruit de cascade et dans cette ombre. Mais je devais aller à la villa Falconieri...

La villa Mondragone, assez délabrée aujourd'hui, appartient aux jésuites qui en ont fait un collège. Je me suis assis un instant au

1982. Bomarzo. Le château méchant des Orsini.

salon, vaste pièce qui se souvient à peine des fastes de jadis. Dans un coin, un gros tigre de Java fort maladroitement empaillé; dans un autre, un enfant qui joue d'un doigt sur un piano désaccordé. C'est ici qu'autrefois les Borghese tenaient leur cour, donnaient des bals. A présent, les murs qui écoutaient la voix des luths et le roucoulement des madrigaux entendent les conversations des Pères avec des parents gantés de coton noir. Par la fenêtre, j'aperçois l'immense plaine bleuâtre au milieu de laquelle Rome fait une grande tache rose. J'ai pensé aux élèves et aux professeurs qui bâillent devant ce paysage merveilleux. Par une vieille habitude, dont je ne me déferai sans doute jamais, j'ai savouré l'ennui sous un aspect nouveau, j'ai essayé de me mettre dans l'état d'esprit d'une personne qui se sentirait prisonnière de ce collège et qui se demanderait, par exemple, si elle irait jamais à Paris, ou si elle aurait longtemps cette assommante vue de Rome devant les yeux...

Dans les jardins de la villa Torlonia, les grands escaliers de pierre grise sont couverts d'un riche velours gaufré semblable à du velours de Gênes, et c'est de la mousse.

A San Clemente, au plus bas, au plus obscur de l'église inférieure, je me suis attardé dans la chapelle de Mithra, j'ai regardé les tables taillées dans le roc sur lesquelles mangeaient les prêtres, la pierre ronde où s'appuyait la tête du taureau à qui l'on tranchait la gorge, le petit bassin qui recueillait le sang. J'ai imaginé la lumière des torches dans l'obscurité, les mugissements de la victime, la voix des prêtres, l'odeur du sang...

Tout à l'heure, dans une église de la Via Appia, je regardais le *Saint Sébastien* de Giorgini (Giorgini ou Giorgetti, selon les historiens d'art, on ne sait au juste, mais tous deux sculpteurs élèves du Bernin). Il est couché sous un autel dans une de ces attitudes voluptueuses qui justifient la mauvaise humeur des protestants à Rome, mais il est très beau. Trop beau. C'est un Apollon martyrisé qui forme un digne pendant à la *Sainte Thérèse* de Sainte-Marie-de-la-Victoire. Le dieu païen s'est glissé dans l'église chrétienne pour dormir tranquillement sous l'autel de son rival.

Dans les catacombes, j'ai lu non sans émotion cette phrase gravée dans la pierre par la main d'un chrétien persécuté : « Saint Pierre et Saint Paul, priez pour nous. » Cette inscription, mise au jour en 1919, indiquerait que les deux saints ont été tout d'abord enterrés ici.

Aux thermes de Caracalla, dans une avenue de chênes verts aux grosses branches noueuses, j'ai pensé aux magnifiques avenues de nos plantations du Sud.

Je crois que les plus belles fenêtres de Rome sont celles d'une grande maison délabrée, à façade lépreuse, qui regarde le Palazzo del Commandatore; elles sont presque carrées, avec des meneaux épais comme au Moyen Age.

Le palais Spada, avec sa façade toute gaufrée de sculptures est sans doute ce qu'il y a de plus aimable à voir dans le genre. Il a un désir immodéré de plaire et il y réussit, mais par des moyens déloyaux. Dans la cour, tout le premier étage est orné de statues de jolies filles et de jolis garçons. A l'intérieur, des galeries pleines d'*ignudi* en stuc qui se serrent contre les murs pour laisser passer le visiteur. Cela a dû être la demeure d'un obsédé riche et spirituel. A présent elle abrite je ne sais quels bureaux et l'on n'y rencontre guère que des employés, la plume derrière l'oreille, mais quelles pensées rôdent encore entre ces murs! Dans la bibliothèque du rez-de-chaussée, un gardien nous fait asseoir sur des chaises et traverse la salle pour aller ouvrir une porte qui donne sur une cour. De l'autre côté de la cour, une longue galerie à colonnes. « Quelle longueur lui donnez-vous, *signori?* » Je dis trente mètres et Robert vingt. « Allons nous y promener. » Nous traversons la cour et poussons le grand cri d'étonnement qu'on attendait de nous. La galerie n'a pas huit mètres. C'est un trompe-l'œil. Borromini est l'auteur de cette farce délicieuse. Oh, charmante époque où l'on savait faire vivre avec des pierres!

Tout à côté, une extravagante chapelle baroque. San Girolamo. La table de communion est faite d'une écharpe de marbre dont chaque bout est tenu par un ange aux ailes immenses. L'un deux a des ailes mobiles qui tournent sur une charnière comme une porte sur ses gonds. Aux murs, somptueuses marqueteries de marbre. Des clous et des cordes de marbre tiennent des tableaux de la même matière, car, ici, le marbre imite tout, métal, étoffe, bois; on finit par avoir l'impression que le marbre lui-même est une imitation du marbre! Étrange mentalité que je n'arrive pas à bien saisir. Certes, j'aime la surprise que procure un beau trompe-l'œil, mais il y a un peu de manie dans celui-ci, quelque chose d'un peu paranoïaque, comme dirait Dali!

Tous ces jours-ci, j'ai passé seul de longues heures dans le forum romain et le forum d'Auguste. J'y ai trouvé plus de beauté que

En 1930, à Rome, le marché de Trajan.

partout ailleurs dans cette ville. Ces temples mis en pièces, non par le temps, mais par des hommes, offrent un modèle de perfection éternelle. Si petit que soit le fragment d'une œuvre romaine, il porte en lui un monde qui m'apparaît comme sans limites, je veux dire qu'il contient l'art presque tout entier dans ce que l'art a d'essentiel. Après cela, il n'y aura que des redites, de brillantes redites, sans doute, mais aussi que de radotages! Je me suis assis devant le bas-relief des *Suovetaurilia* où l'on voit un porc orné de bandelettes, plus féroce et plus redoutable qu'un navire de guerre, un bélier, puis un taureau chargé de toute la majesté de Rome. Des lézards couraient à mes pieds dans le soleil. En levant les yeux, je voyais l'arc de Septime Sévère et, vers la gauche, les *rostra.* Combien plus religieux que Saint-Pierre m'a paru ce paysage foudroyé!

A Tivoli, relevé cette inscription monumentale sur la porte de la cuisine d'une grande caserne : « Mieux vaut vivre un jour en lion que cent jours en mouton! »

Non loin de l'arc de Titus, San Bonaventura est une église assez insignifiante, mais qui cache, sous ses trois autels, de singulières reliques. Il faut demander au sacristain une lumière et il vous donnera une bougie dont on devra se contenter. Couché dans un cercueil de verre, sous le premier autel, un squelette en parfait état affecte une pose élégante dont on n'oserait sourire : il a les jambes croisées et son coude repose sur une main délicatement repliée. Il est vêtu à peu près comme un chanteur dans un opéra du XVIIIe siècle, le thorax emprisonné dans une cuirasse de tulle et de broderies d'or, le crâne empanaché de plumes blanches un peu grises, les rotules ornées de rosettes. C'est saint Flavien, martyr, qu'on a fagoté de la sorte il y a deux cents ans.

Une dame lui fait pendant sous le second autel, revêtue, elle, d'une charmante robe bleu roi à roses rouges qui eût enchanté Nattier. A sa main gantée de tulle d'argent, une fleur de verre qu'elle semble respirer. Pour soutenir le poids de sa tête chauve et grimaçante, son bras s'appuie coquettement sur des coussins roses qu'il creuse à peine. Qui est-ce? On n'a pas su me le dire. Enfin, sous le maître-autel, une momie affreuse dans une robe de bure, et cette chose toute calcinée par le temps, c'est ce qui reste de saint Léonard, mort en 1751. Et je ne sais qui est le plus épouvantable, de ce religieux couleur de terre ou des personnages de ballet qui dorment près de lui...

Retourné à San Bonaventura pour examiner plus attentivement les saints baroques que j'ai vus l'autre jour. On ne regarde jamais de si près que quelque chose ne vous échappe. Saint Flavien porte, en effet, une couronne de roses, et c'est à ses pieds que se trouve son casque d'argent orné de *pleureuses;* sa main tient une espèce de palme de papier sur laquelle est inscrit son nom. La sainte dont je ne savais pas le nom et qui lui fait pendant s'appelle Colombe; sa jupe est doublée de rose turc; ses gants de filet d'argent ressemblent aux gants que portent les femmes de nos jours. Tels qu'ils sont, l'un et l'autre, comme ils auraient plu à Baudelaire!

Le soir, au cinéma de la piazza Barberini. A l'entracte, le plafond s'ouvre en deux comme une porte à glissière. Paraît alors, au-dessus de nous, le palais Barberini avec ses fenêtres méprisantes, enfermé dans un rêve dont nous sommes exclus...

Adossé à San Giovanni Decollato, il y a un petit musée funèbre où l'on garde dans des vitrines les vêtements portés autrefois par les condamnés à mort. On voit également les petits écrans peints que le prêtre leur tenait devant le visage pour les empêcher de voir l'échafaud. Petite pièce terrible où ils entendaient la messe avant de se mettre en route. Et dans un coin, le panier noir où l'on mettait la tête. Songé à Béatrice Cenci et à son jeune frère, qui sont sans doute partis de là.

A Rome, il est ridicule de n'être pas tout à fait heureux, car le bonheur est dans la lumière et celle de Rome est plus légère que nulle autre au monde...

Naples

Promenade dans un quartier épouvantable de tristesse et de saleté. Je suppose qu'aux yeux d'un peintre ces rues doivent être fort belles, mais l'idée que des hommes et des femmes sont contraints de vivre et de respirer dans l'ordure m'est pénible. Dans les rues noires, tendues de haillons et semées de détritus, j'ai vu des enfants assis autour d'une sorte de poubelle où brûlait quelque chose, je ne sais quoi. « Ils ont froid, me dit mon ami Alberto, parce qu'ils ne mangent pas assez. » L'un deux, nous entendant parler français, a levé vers nous un visage d'ange et nous a souri.

Un peu plus tard nous entrons dans une petite église où l'on célèbre un salut. Il y a tant de monde que c'est à peine si nous pouvons refermer la porte. L'air est épais et malodorant. L'assistance misérable se compose de guenilleux infirmes ou bossus qui piaillent à tue-tête les répons des litanies. L'église est éclairée de nombreuses bougies et le clinquant brille sur les ornements de stuc. Impossible de rendre la tristesse des *ora pro nobis* nasillards qui montent bruyamment vers une statue habillée de dentelles. J'ai l'impression d'assister à une cérémonie bien antérieure à l'avènement du christianisme. Les pauvres gens de l'Inde ou de l'Assyrie, qui criaient vers leurs dieux de pierre, criaient-ils autrement que ces chrétiens de Naples?

Dire que j'étais ici à dix-huit ans, la tête pleine de rêves... Je me souviens de mon arrivée. Je m'éveillai de bonne heure, tiré de mon sommeil par le silence des machines, et je regardai par le hublot. Ce fut un des moments les plus merveilleux de ma jeunesse. Je poussai un cri : « Naples! » Nous étions dans la baie et le Vésuve se dressait tout rose dans le soleil levant. Je crois que seule l'Italie m'a donné une certaine impression de bonheur terrestre dépassant tout ce qu'on peut attendre. A quoi cela tient-il? Je ne puis le dire, mais en voyant cette lumière dorée, ces milliers de maisons multicolores, l'eau bleue sous le ciel bleu, je me sentis enivré d'une joie subite...

Gibraltar

Par une nuit douce et pluvieuse de décembre, nous voici donc tous sur le pont à guetter les lumières de l'Europe, et c'est l'Afrique que nous voyons d'abord, Tanger qui scintille dans l'ombre, pareil à un superbe bijou de strass. A notre gauche tournent des phares. Nous allons plus lentement, si lentement qu'on doute si l'on avance. Quelques points brillants dessinent la côte d'Espagne. Un peu avant minuit, des signaux nous commandent de faire halte; le murmure de nos machines se tait et, dans un léger clapotis, un petit bateau nous aborde.

Une figure rouge sous une visière noire, c'est tout ce que j'aperçois de l'officier britannique qui traverse rapidement le pont; il est suivi d'un homme en civil qui porte ce que les Anglais appellent bizarrement un *attaché case*. Tous deux disparaissent aussitôt. Et voilà, nous sommes à Gibraltar que nos yeux devinent; rien de spectaculaire dans cette arrivée, beaucoup d'entre nous bâillent et songent à leur lit; quelques-uns demandent déjà quand nous allons repartir, un bruit sourd leur répond : c'est la chaîne de l'ancre qui se déroule, pour nous attacher dans la rade, dans cette partie de la rade qu'on appelle, je crois, le cimetière, parce qu'il arrive qu'on vous y oublie...

Le lendemain, à peine éveillé, je me précipite pour admirer la vue. Gibraltar est un gros rocher qui pousse à la mer une petite ville; celle-ci s'accroche au flanc du monstre par des ruelles, des montées et des jardins. Un ciel de printemps sourit à ce paysage et je m'habille en hâte pour ne pas manquer le canot qui nous mènera à terre, si les autorités le veulent bien. Quelques heures plus tard nous remontons la rue principale.

La ville est comme une porte entrouverte sur l'Espagne. Ces petites maisons blanches à ferronnerie compliquée évoquent sans doute une Espagne de sérénades et de processions, mais cette image trop facile, la silhouette gigantesque d'un policeman lui règle son compte, si j'ose dire. Où sommes-nous? En Angleterre? A deux pas

1979. Gibraltar, comme une baleine sortant de l'eau.

du balcon de Rosine, j'aperçois la pharmacie Roberts. Nous sommes bien à Gibraltar.

Je ne m'arrête à aucun des bazars où mes compagnons se ruent, et c'est en vain que des Orientaux viennent secouer la poussière de leurs tapis sous mon nez. Dans une crèmerie anglaise où je vais m'asseoir, je retrouve l'Angleterre. Même le chat, qui passe avec indifférence, a l'air d'un gentleman.

Ce qu'on appelle la cathédrale est une charmante petite église gothique aux nervures délicates, avec des brasiers de cierges qui palpitent dans la pénombre et, non loin de la porte, une grande madone tragique au visage ravagé; on la découvre si brusquement que l'on n'ose pas passer devant elle sans s'arrêter, tant sa douleur est vraie. Ici, je retrouve le Vieux Monde avec la bouleversante démesure de ses sentiments et je n'ai pas plutôt mis le pied en Europe que m'accueille déjà cette muette angoisse, mais j'aime qu'au seuil de l'ancien continent se tienne une belle image dont se rassasient les yeux et le cœur. Bien peu m'importe aujourd'hui ce qui reste du château maure et les eucalyptus de la promenade. Je regagne le port assez vite.

A bord, de longues figures m'instruisent du contretemps que nous redoutions : nous ne partons ni demain ni après-demain, et personne ne peut dire quand on lèvera l'ancre. « Mais, fait une voix indignée, c'est Noël dans quatre jours! Ils ne vont pas pourtant nous faire passer Noël à Gibraltar! » Or Noël vient et Noël s'en va et nous sommes toujours à Gibraltar. Un grand sapin, festonné de clinquant, se dresse dans la salle à manger pour l'attendrissement général. Nous allons à terre, mais défense de quitter la ville. Je commence à la connaître sous tous ses angles, avec ses salons de thé, les *buns,* les *scones,* ses policemen dans les carrefours et dans les rochers ses singes à demi sauvages.

New York

Lorsque j'y arrivai pour la première fois par une matinée d'automne bleu et or, en 1919, je vis apparaître au loin, comme dans un mirage, une ville sortie des eaux, d'une blancheur de rêve, pure, nette et glaciale sous un ciel vide de tout nuage. New York n'est pas une ville que j'aurais choisie pour vivre. Et cependant, j'y ai vécu, de nombreuses fois. J'ai appris à l'aimer, mais ce n'est pas une ville de coup de foudre. Le mieux est que je suive ce voyage dans le passé comme pour redécouvrir avec moi-même, au fur et à mesure, les différentes humeurs de cette ville hystérique.

1933. Depuis mon arrivée ici, je vis un peu comme un somnambule, étonné de tout et souvent ébloui. Si j'en avais le temps, je parlerais longuement de ce que j'ai vu. Aujourd'hui je me bornerai à décrire le spectacle extraordinaire auquel j'ai assisté, il y a trois jours. Eddie Waterman, qui nous pilote, m'avait dit : « Venez ce soir. Je crois qu'il se passera quelque chose. » Nous l'accompagnons à Harlem. Après une courte promenade, il nous fait pénétrer avec lui dans un petit appartement bourgeois dont les trois pièces sont déjà encombrées d'hommes et de femmes. Entre qui veut, si j'ai bien compris, pourvu qu'il paie un dollar. Aussi voit-on un peu de tout ici, des hommes en smoking, d'autres vêtus de la blouse de chamois et du pantalon de velours qui forment, depuis la crise, le costume de beaucoup de garçons de ce pays. Il y a aussi des femmes dont plusieurs sont assez élégantes. Elles sont là pour *voir,* elles espèrent comme tout le monde que *quelque chose* se produira, mais il faut pour cela qu'on ait bu.

On boit donc et, de temps en temps, on pose son verre pour danser sur un des airs nostalgiques que verse une intarissable radio. Mais il n'y a bientôt plus assez de place, car de minute en minute arrivent de nouveaux visiteurs. Au milieu de la plus petite des trois pièces, un gigantesque canapé gémit sous le poids de dix ou douze

Novembre 1933. New York, la ville debout qui, chaque fois que l'on arrivait par l'Océan, semblait surgir tout à coup des flots.

personnes assises les unes contre les autres, toutes d'une gravité exemplaire et le verre à la main.

Un jeune homme en pantalon de velours blanc vient parler à notre ami. De longues mèches blondes lui barrent le front et retombent sur son nez chaque fois qu'il les écarte. Il est tellement ivre qu'à peine saisit-on les mots qu'il prononce et son regard ne parvient à se fixer sur rien. C'est la première fois qu'il est à New York. Il vient d'un État de l'Ouest. L'ami avec qui il a fait ce voyage est assis à ses pieds. Lui aussi est gris, mais un peu moins. *« I like all this,* me dit-il. *People smiling. Everything is all right. »* Dans le murmure des conversations, j'entends quelqu'un dire à côté de moi : *« Oh I get enough money all right, but I can't tell you how! »* De grands éclats de rire accueillent cette demi-confidence. Un autre dit que le prix de la vie a beaucoup baissé et qu'on peut aujourd'hui se débarrasser de quelqu'un pour moins de cent dollars. J'ai chaud et la fumée des cigarettes pique les yeux. Waterman à qui je propose de partir me supplie de rester encore un peu. « Vous allez voir, me dit-il, rien ne se passe avant une heure du matin. Ils n'ont pas encore assez bu. » Vers minuit et demi, il arrive quelque chose, en effet. A la suite d'une discussion que je n'ai malheureusement pu suivre, quelqu'un a défié un des garçons en blouse de se déshabiller. Comment refuserait-il? Tout le monde le regarde d'un air incrédule et moqueur. S'il hésite, on va rire. C'est un grand garçon à la mine rageuse. Il se met à ôter ses vêtements ou plutôt à se les arracher du corps comme s'ils le brûlaient. A chaque vêtement qui tombe, je me figure qu'il va s'en tenir là, mais non, il ôte jusqu'à ses chaussettes et le voilà absolument nu au milieu de tous ces gens habillés qui le regardent en silence.

Le premier moment de stupeur passé, une voix ironique demande au garçon ce qu'il va faire. Sans hésiter, il se dirige vers une des femmes assises sur le grand canapé; elle le repousse du bout des doigts, en riant. Un monsieur à côté d'elle rit plus fort et reçoit aussitôt un violent coup de poing du garçon qui l'envoie rouler sur le tapis. C'est le signal d'une bataille presque générale. Les femmes crient et s'évanouissent. On brise les meubles. Je vois voler au-dessus de nos têtes une petite chaise qui va heurter un mur.

« C'est merveilleux! » me crie quelqu'un. « Sûrement ils vont tirer des coups de revolver. » On essaie de séparer les combattants, mais c'est impossible. Le garçon nu est extrêmement vigoureux et se bat avec tout le monde sans distinction. Celui à qui j'ai parlé tout à l'heure et qui se disait si heureux roule à mes pieds avec le garçon en pantalon blanc. Le tumulte est tel qu'on ne s'entend plus parler.

Nous allons à la cuisine et délibérons. Dans quelques minutes, la police sera sur les lieux. Partons. Ce qui ne m'étonne pas moins que tout le reste, c'est que le nègre du vestiaire nous rend nos pardessus avec autant de calme que si nous sortions d'un concert. Et comme nous retraversons Central Park, Waterman se penche vers moi dans la voiture et me dit : « Il y a des soirs où c'est encore plus amusant... »

A Battery Park. Vue admirable de l'Océan. La statue de la Liberté au loin. Un vent furieux soulevait des tourbillons de poussière. Nous nous sommes réfugiés dans l'aquarium où nous avons regardé les requins gris pâle et rose et l'*angel-fish* dont le profil prognathe rappelle étrangement celui d'un politicien.

De la fenêtre de ma chambre, je vois Central Park. La nuit, il est constellé de lumières et semble un grand fleuve étincelant qui roule ses eaux dans les ténèbres. Le jour, avec le lacis de ses longues allées, ses rochers qui sortent de terre et le délicat branchage de ses arbres, il fait songer à un paysage dans un tableau primitif. Des écureuils gris viennent mendier les noisettes qu'ils enfouissent avarement sous les buissons. Il paraît qu'aux environs de minuit d'autres mendiants moins timides battent les allées désertes et rançonnent les promeneurs imprudents. On m'a raconté aussi d'invraisemblables histoires d'assassinats.

En passant devant le Rockefeller Building qui brille de toutes ses fenêtres comme un immense bloc de mica, je n'ai pu retenir un cri de surprise et d'admiration, mais tout Européen qui arrive à New York se sent un peu provincial.

1938. New York, c'est le point d'attache de l'Amérique et de l'Europe, c'est là où toutes les *via Venti Settembre,* toutes les *rue de la Paix* et les *Regent Street* se mêlent et se prolongent dans le cañon de la Cinquième Avenue, là où le murmure des capitales grandit dans une sorte de réverbération angoissante, entre les gratte-ciel de marbre et de verre.

Les journaux jonchent les rues, étalant sur les trottoirs les mauvaises nouvelles en lettres énormes. De temps en temps, le vent fonce d'une rue où il s'embusquait et fait voler jusqu'au dixième étage des maisons tout ce papier de mauvais augure. Les services publics n'y peuvent rien, car chaque heure voit apparaître un nouveau tabloïd

1933. Nuit new-yorkaise. Les étoiles jonchaient le sol.

Broadway en 1933. La reine Garbo.

dont la première page ne porte souvent que trois ou quatre mots, mais choisis de telle sorte qu'on doute d'avoir bien lu : la guerre imminente, la guerre désormais inévitable. Il faut un effort de plus en plus grand pour opposer le mot *impossible* à ces prédictions.

La nuit tombe. Il y a toujours beaucoup de monde, à cette heure-ci, dans les environs de Times Square, mais, ce soir, la foule est si nombreuse qu'on avance à peine. Ce n'est pas une foule heureuse, certes, c'est une foule inquiète et perplexe, et dans le bourdonnement de voix qui monte autour de moi le mot guerre revient avec une obstination sinistre. A présent, il fait tout à fait sombre et les noms de Pologne et d'Allemagne commencent à se poursuivre sur l'écran lumineux du *Times* en je ne sais quelle horrible partie de cache-cache. Chaque mot qui passe est murmuré par ces milliers de spectateurs attentifs. Quelles choses ténébreuses le destin écrit-il en lettres électriques? Et comment ne pas songer à Balthazar et à la main qui écrivait en face du candélabre, sur la chaux de la muraille des palais du roi?

Le lendemain, de nouveau dans la rue où les crieurs de journaux annoncent que les dernières négociations échouent et que les incidents de frontières se multiplient, je me demande s'il ne vaudrait pas mieux se réveiller un jour en pleine guerre, comme en 1914, plutôt que de subir cette bizarre épreuve d'une catastrophe au ralenti. Ici le malaise croît d'heure en heure. Les cinémas font passer des vues de ce qu'ils appellent déjà la guerre et qui ne sont encore que des mouvements de troupes à l'intérieur des frontières. A présent, beaucoup d'églises restent ouvertes nuit et jour. Aucune n'est vide et l'on n'y peut guère demander autre chose qu'un miracle, car le miracle, c'est le nom de baptême de *l'impossible* devenu chrétien.

Après dîner, nous sommes montés sur une de ces tours qui dominent la ville d'une hauteur invraisemblable, et j'ai l'impression que sous nos pas la terrasse oscille avec lenteur comme le pont d'un bateau. Septembre s'annonce par une nuit resplendissante. Aux étoiles du ciel répondent ces milliers de lumières qui dessinent des avenues, sillonnent les parcs, et dont l'œil se fatigue à démêler l'énorme et minutieux réseau. Il semble que, par l'effet d'un enchantement, brillent à nos pieds tous les royaumes du monde. Les mots de paix et de guerre reviennent à l'esprit dans une sorte de tourbillon, mais vides de sens, car s'il est désormais impossible que la paix demeure, quelque chose en nous refuse de croire que la guerre soit là. Nous avons tort, nous devrions nous souvenir de cette belle page de Bergson que j'espère bien retrouver quelque jour et où il est parlé de la facilité admirable avec laquelle des événements à la fois impossibles et inévitables glissent du plan théorique au plan des réalités. C'est peut-être cela qui se passe au-delà de la nuit transparente, dans l'invisible où ces choses se font.

1940. J'ai fini par me plaire à New York, parce que cette ville est notre dernier lien avec l'Europe. C'est le dernier point de contact avec le vieux continent. Derrière New York, il y a l'Amérique avec ses routes qui ne mènent à aucune Rome, à aucun Paris, hormis de simples bourgades qui usurpent ces noms, tandis qu'à New York nous arrive encore la rumeur des villes de là-bas. La Cinquième Avenue est dans le prolongement direct des Champs-Élysées.

Vers dix heures, le 6 novembre, à Times Square. Les chaussées demeurent à peu près vides, mais il faut se battre pour avancer le long des trottoirs. Sur l'écran lumineux du *Times* passent les noms des candidats avec le chiffre des voix. De longues clameurs saluent les victoires respectives de Wilkie et de Roosevelt dans chacun des États de l'Union. La foule ressemble aux multitudes dans le *Jugement dernier* par un Primitif, et le grand cri houleux qui déferle sur la place jusque dans les profondeurs de Broadway semble appeler le destin dont on sent vaguement la présence inquiétante.

1941. Dans la quarante-deuxième rue, au dix-neuvième étage, dans le bureau d'un ami. Les gratte-ciel rose et blanc dans le soleil chantent silencieusement un chant de vertige et de mort. La chaleur monte en vastes bouffées entre les tours de pierre. La ville étouffe dans le bruit des voitures et dans l'éblouissement des vitres éclaboussées de feu. Ce paysage d'une beauté singulière a quelque chose qui étreint le cœur. On soupire après un petit mur couronné de lierre. En jetant les yeux par la fenêtre, je me sens perdu dans le nombre comme dans une mer. Nous sommes le 6 septembre, mon anniversaire.

Marché dans les rues pendant des heures, comme à Londres, comme à Vienne, à Naples, à Rome. Ma tête est comme un coquillage où s'entend la rumeur de la grande marée des foules humaines. A Times Square, le spectacle de l'activité de l'homme atteint une sorte d'irréalité violente. On finit par se demander si ces gens savent bien ce qu'ils font. Il semble inutile d'aller à droite plutôt qu'à gauche, à gauche plutôt qu'à droite. Le mouvement brasse ces flots de têtes et de corps sans raison apparente, sans autre nécessité qu'une sorte d'instinct profond qui veut que tout cela remue et tournoie sans fin, dans la fatigue, dans la grande fatigue humaine.

J'écris cela dans la salle de lecture de la *Public Library* de New York. Cette salle, grande comme un hall de gare, est pourvue de larges tables où l'on est admirablement pour étudier. Partout des lampes, des têtes penchées. On se croirait de nouveau à l'étude, dans les lointains lycées de notre jeunesse. De hautes fenêtres laissent percevoir les étages babyloniens d'un gratte-ciel. Le plafond lourd et noirâtre, autrefois doré, est chargé de peintures qui s'écaillent et dont le sujet ne se distingue plus.

Il fait nuit. De ma chambre du Barbizon, dehors, la Sixième Avenue étale la joaillerie monstrueuse de toutes ses lumières qui palpitent au bord du ciel noir. Et toujours la même question se pose à mon esprit : « Quel est le sens de tout ceci, de cette existence que nous menons? »

1942. Dans le petit appartement situé dans la soixante-deuxième rue dont les maisons basses et de style vieillot me font songer à l'Europe, à la rue Cortambert et un peu à la Studiestraede de Copenhague. Ma chambre à coucher regarde de charmants jardins bordés de petites maisons de brique.

Hier à Saint-Patrick. Foule immense, service d'ordre fait par la police. Je suis pris tout à coup d'un sentiment d'irritation contre tout ce bruit, contre l'air rogue et important des messieurs en habit qui obligent les arrivants à passer à droite ou à gauche, et surtout contre l'absence de pauvres dans cette vaste église qui n'est qu'une triste et froide imitation des cathédrales européennes. On annonce des cantiques chantés en anglais. Je m'en vais, quittant une place difficilement obtenue, avant que commencent les cérémonies. L'après-midi à Saint-Louis. A trois heures juste, nous recevons dans les yeux des jets de lumière aveuglante et un jeune prêtre blond et frisé monte en chaire, un grand crucifix fiché dans sa ceinture. D'une voix sonore, nasillarde et traînante, il récite un sermon sans couleur. Je m'enfuis.

Au cirque de Madison Square Garden. C'est le plus beau cirque qui puisse se voir, et aussi le plus grand. Il a la forme longue d'un cirque romain, avec trois arènes où ont lieu simultanément trois spectacles. Quand on entre, comme nous l'avons fait, au milieu d'un *numéro,* on demeure saisi du caractère de cet endroit où les couleurs

En 1934, pour le Jour de l'An, l'Empire State Building. Je me serais attendu à voir un feu d'artifice exploser du bouchon de champagne.

et le bruit forment un ensemble extraordinaire. De vastes jets de lumière bleue ou rose inondent la foule et font cligner des yeux les lions qui somnolent sur leur tabouret...

New York manque de variété : un seul gratte-ciel permettrait de reconstituer une partie de la ville; on n'aurait qu'à le multiplier par *x* mille et aligner ces tours dans un certain ordre. New York est un problème géométrique correctement résolu; je ne dis pas que la solution soit sans beauté, loin de là, mais c'est un problème...

L'autre nuit une jeune fille a été poignardée à Central Park, peut-être par un fou. Elle avait sur elle le manuscrit d'un journal qu'elle tenait régulièrement. La dernière page de ce journal portait ces mots : « Il ne m'arrive jamais rien. » La ville, à la chute du jour, baignait dans un ciel gris pâle et seuls retenaient un dernier reflet de lumière rose les gratte-ciel de marbre de la Cinquième Avenue. Moment d'une beauté étrange. Mais New York n'est pas toujours la ville verticale géante qu'on se figure; elle a des parties du XIXe siècle où se retrouve quelque chose de l'ancien continent.

1943. Par la baie vitrée du salon, dans l'appartement que j'occupe, je vois le pont gigantesque jeté sur la North River; de temps en temps passent des bateaux chargés de troupes. Profond silence dans la maison. A l'étage au-dessus du mien, quelqu'un est en train de rire et j'entends un murmure de paroles, et dehors un homme racle le trottoir avec une pelle, car il a neigé. Quand je tire le rideau, la nuit tombée, je demeure toujours saisi d'admiration devant ce que je vois. Ces grands toits plats couverts de neige, ces gratte-ciel où brillent des fenêtres toutes dorées dans la nuit bleu sombre, ces lumières de voitures qui glissent sur le pont et se reflètent dans l'eau, tout cela forme un ensemble d'une beauté étrange et pour moi nouvelle, c'est New York. Cependant en plein jour c'est un paysage d'enfer que j'ai devant les yeux. N'a-t-on consulté personne avant de bâtir ces gazomètres à côté de ce pont et à cent mètres de ces cheminées d'usines? Mais, à New York, on n'a égard qu'à l'utile, et l'aspect que cela peut avoir n'entre pas en ligne de compte. Même la neige qui tombe aujourd'hui, une neige de conte de fées, n'arrive pas à adoucir ce tableau effroyable où la pierre et le fer luttent à qui sera le plus dur, le plus laid, le plus froid. Pas un arbre en vue. Seule l'eau qui coule vers la droite est vivante, mais elle imite aujourd'hui les tons de l'acier.

1944. J'ai vu une chose singulière, il y a quelques jours, dans une église catholique. Un jeune homme et une jeune fille, beaux tous deux, entrent, font une génuflexion devant l'autel et vont s'agenouiller côte à côte à quelques pas de moi. Il y avait très peu de monde. Au bout d'un moment, toujours à genoux, ils tournent la tête l'un vers l'autre et leurs lèvres se joignent. Après quelques minutes, je suis parti, les laissant immobiles dans l'attitude que j'ai dite. Personne n'a paru les voir. Je ne puis m'empêcher de trouver cela beau. Peut-être, si on leur eût demandé où se trouvait la frontière entre le corps et l'âme, eussent-ils répondu qu'il n'y en a point...

Il y a quelques soirs, je rentrais chez moi, vers une heure du matin. La nuit était claire et fraîche et j'allais à pied le long de Lexington Avenue qui se trouvait absolument déserte. De loin en loin, des réverbères. Je logeais alors dans une maison de la soixante-seizième rue. A la hauteur de la soixante-cinquième j'entendis marcher derrière moi. C'était un pas égal, plus lourd que le mien, mais qui, si je puis dire, l'emboîtait exactement, sans aucun doute le pas d'un homme. Peut-être une distance de dix mètres nous séparait-elle. Je ne me retournai pas pour m'en assurer. Il me semblait, en effet, que me retourner serait une erreur. Pourquoi? Je n'aurais su le dire. De toute évidence, l'homme avait l'intention de marcher du même pas que moi. Il ne voulait pas me dépasser, il ne voulait pas non plus se laisser distancer. Après tout, il avait le droit de marcher à l'allure qui lui plaisait. J'aurais pu ralentir, pour voir, mais ralentir, c'était reconnaître sa présence, de même que me retourner eût trahi peut-être, à ses yeux, une inquiétude. Nous marchâmes donc dans la solitude de cette longue avenue et peu à peu je sentis grandir en moi une irritation contre cet inconnu que je ne voyais pas. Est-ce qu'il se moquait de moi? A chaque rue transversale, j'espérais qu'il me fausserait compagnie, mais non, il me suivait, c'est cela, il me suivait, et le bruit de nos pas n'en faisait qu'un seul. En tout cas, pensai-je, vers la soixante-dixième rue, nous allons bientôt nous quitter.

Par amour-propre, je m'interdis d'aller plus vite, mais il me tardait d'arriver à la soixante-seizième rue. Là seulement je me permis de doubler le pas, quand, à ma très grande surprise, j'entendis marcher derrière moi, exactement comme dans Lexington Avenue. Cette fois, il me parut absurde de douter que j'étais suivi et j'avoue humblement que des histoires d'assassinats me revinrent à

10 février 1934. Le « Champlain » quitte New York.

1934. New York. Le brise-glace.

l'esprit. Je tournai et retournai dans ma main la clef de la maison. D'un seul coup, j'allais l'enfoncer dans la petite serrure. Il me semblait déjà faire ce geste. Pour ouvrir et refermer la porte, il ne me faudrait pas deux secondes. En attendant, j'allais toujours d'un pas que j'estimais raisonnable, ni lent ni pressé. Enfin je me trouvai devant cette bienheureuse porte vers laquelle je dus me retenir de faire un bond. La clef tourna dans la serrure, exactement comme je l'avais prévu, sans la moindre hésitation. A ce moment, je sentis l'homme derrière moi.

Je ne sais ce qu'un autre eût fait à ma place. Je franchis le seuil sans me retourner, mais retins la porte d'une main pour laisser entrer l'inconnu à ma suite, puisqu'il voulait entrer. A bien y réfléchir, j'agissais d'une façon imbécile, mais d'une part j'avais peur, de l'autre j'étais bien résolu à ne pas le laisser voir. J'atteignis l'ascenseur dans lequel je pris place avec l'inconnu. Ce fut alors que je le vis. Il était plus grand que moi et carré d'épaules. L'ombre de son chapeau lui posait un masque sur les yeux. Il avait une mâchoire intraitable, tout de marbre. Comme une mâchoire d'empereur romain.

« C'est un fou, pensai-je, je suis enfermé dans cette cabine qui ne mesure pas deux mètres carrés avec un fou, et un fou athlétique. » Son imperméable de coupe militaire, ses gros souliers me donnèrent le soupçon qu'il était peut-être de la police. « Mais, me dis-je, quelle imprudence de l'avoir laissé entrer! Il se peut aussi que ce soit un simple cambrioleur. On suit quelqu'un, on s'engouffre avec lui dans l'immeuble. En tout cas, il est là... »

A ce moment, il ouvrit la bouche et me demanda : « Quel étage? – Troisième. » Il appuya sur le bouton et s'effaça pour me laisser passer quand nous fûmes à l'étage. Nous nous souhaitâmes bonne nuit et je l'entendis, un instant plus tard, ouvrir sa porte à l'étage supérieur. C'était le locataire d'au-dessus...

C'est une impression très troublante qu'on a parfois d'une folie collective dont l'humanité entière est victime et dont je ne prétends pas n'avoir point ma part. Tous les jours on propose à notre admiration ce qu'on appelle des actions d'éclat et qui, vues sainement dans deux ou trois siècles, sembleront des assassinats. Mais comment en sortir? Il faut battre l'ennemi. Ce matin, près de la quarante-deuxième rue, j'ai vu un petit groupe de vingt ou trente garçons portant des paquets et des valises et accompagnés de quelques femmes. Un marin marchait à leur tête. Dans quelques heures, ils seront en uniforme; dans quelques mois, au fond de quel océan, derrière quels fils de fer barbelés, ou vainqueurs, ayant appris à bien tuer? Ils paraissaient n'avoir que dix-huit ans; certains étaient beaux. J'ai eu le cœur serré et suis demeuré silencieux plusieurs minutes, remuant en moi toutes les choses dont on ne peut parler, mais qui remplissent l'âme d'une grande amertume. Les femmes surtout avaient l'air triste.

1945. Fait en avion et de nuit le voyage de Boston pour rentrer à New York. J'ai été ébloui par ce que je voyais; les villes, brillamment éclairées, ressemblaient à des devantures de bijouteries où des chats auraient mis en désordre colliers et parures. La plus grande des vitrines, la plus belle aussi, c'était New York. Dans quelques jours je retourne à Paris...

Sur le bateau, je suis resté dans ma cabine alors que New York s'éloignait de nous et disparaissait dans la brume.

1920. En Virginie. « The Lawn », une des maisons de mon grand-père. On s'est battu tout autour pendant la guerre de Sécession. J'y ai passé des vacances inoubliables, puis un jour, à l'Université, ma sœur m'a appris que la vieille maison avait brûlé dans la nuit. On ne retrouva debout que la coupable, une cheminée, et dans l'herbe des petites cuillers...

Charlottesville

Nous arrivâmes au milieu de la nuit et nous rendîmes directement au seul hôtel de la ville, le *Monticello.* Le lendemain matin, je m'éveillai de bonne heure et courus à la fenêtre. Ce moment, je ne l'oublierai pas. De l'autre côté d'une petite place déserte se dressait un bâtiment de style néo-classique, avec un fronton triangulaire et une grande porte flanquée de deux colonnes doriques. Elles paraissaient d'autant plus blanches que les murs de cet édifice étaient en brique d'un rouge sombre. C'était le palais de justice. Un canon de bronze en gardait l'entrée, rêvant à Manassas sous de magnifiques sycomores dont les feuilles dorées faisaient l'effet d'un coup de soleil. J'avais tout à coup devant les yeux la patrie de ma mère, le Sud, et ce qu'elle m'en avait dit me revint à la mémoire après de longues années. Il me sembla que tout un monde qu'elle avait aimé se proposait à moi dans une image simplifiée, et, d'une manière indéfinissable, je reconnus cette image, parce que je la regardais par les yeux de ma mère. En quelques secondes, je compris tout, la Sécession, la volonté de survivre, de ne pas être absorbé par un pays trop vaste. Si attaché que je fusse à la France, je me rendis compte qu'une partie de moi-même n'avait d'autre origine que la terre où je me trouvais maintenant. L'émotion que j'éprouvai ne dura qu'un instant. Ce fut comme une intuition qui ne fit que me traverser l'esprit, mais il n'en fallait pas plus pour que tout un monde s'installât en moi que je retrouvai, beaucoup plus tard, dans le magique éclairage du souvenir.

Nous descendîmes jusqu'à la grand-rue pour prendre un tramway orange qui nous mena jusqu'aux portes de l'Université. La ville assurément n'était pas belle, avec ses petites maisons pauvres, mais à mesure qu'on approchait de l'Université, les jardins, les arbres, les vérandas à colonnes blanches prêtaient aux longues avenues un air de distinction et parlaient surtout d'un temps que je croyais révolu. Malheureusement, un pont de chemin de fer qui enjambait une rue barrait ce paysage auquel je ne pus m'empêcher de trouver du charme, et un peu plus loin, passé le fâcheux pont, un interminable mur rose longeait de vastes pelouses où de grands arbres aux feuillages de toutes les couleurs me jetèrent dans l'étonnement. Je ne savais pas, en effet, ce que pouvait être la splendeur de l'été indien, comme on appelle en Amérique les beaux jours de l'automne. Depuis le jaune clair jusqu'au pourpre foncé, en passant par le carmin et l'écarlate, les tons les plus violents se mêlaient à des nuances exquises.

Nous marchions, à présent, mon oncle et moi, le long d'un chemin pavé de brique qui montait insensiblement vers un grand ensemble de piliers blancs dominés par une coupole. De tout cela, je ne distinguais pas grand-chose à cause du feuillage multicolore et déjà je me sentais partagé entre le désir d'en voir plus et l'inquiétude croissante de ce qui m'attendait. Nous montâmes encore un peu, cette fois à l'ombre d'un mur de brique tout à fait extraordinaire, car, au lieu d'être droit comme tous les murs du monde, il serpentait comme s'il avait bu. Je voyais maintenant de charmants jardins tout encombrés de massifs de buis et de rangées de petites maisons dans le style néo-grec, je voyais aussi de longues pelouses qui s'étendaient comme à l'infini, mais dans ce décor si étrangement séduisant pas un être humain, et je supposai que tous les élèves étaient en classe. Quelques pas encore et nous arrivâmes sous une voûte, au pied de l'édifice que j'avais aperçu tout à l'heure. Des arbres magnifiques en cachaient à moitié les murailles rouges. Il suffisait pourtant d'un coup d'œil pour comprendre que l'architecte avait tout simplement voulu transporter en Virginie le Panthéon de Rome en le surélevant de cinq ou six mètres et en l'entourant de terrasses auxquelles on accédait par un escalier monumental. Ai-je besoin de dire que l'architecte s'appelait Thomas Jefferson et qu'il avait fondé l'Université en 1821? Il était féru d'art classique à un degré difficile à concevoir. Rome et Pompéi lui étaient montés à la tête et il devait se promener, dans ses rêves, à travers des forêts de colonnes blanches, car je n'en ai jamais vu autant de ma vie : doriques, ioniques, corinthiennes, elles se dressaient de tous les côtés au point qu'on se croyait d'abord le jouet d'une hallucination, mais il y avait dans tout cela une idée si claire et si magistralement exprimée qu'on en demeurait frappé de stupeur.

Encore des marches à monter, puis une galerie à suivre et nous nous trouvâmes tout à coup devant un des plus beaux ensembles du monde. Maintenant encore je ne puis songer sans émotion à ce premier regard sur l'Université. Nous étions au pied des marches qui menaient au vaste portique dont les gigantesques piliers brillaient dans le ciel bleu pâle. Devant nous s'étendait une pelouse longue de plusieurs centaines de mètres et bordée de galeries à colonnes. Des sycomores plantés un peu au hasard promenaient leur ombre sur les frontons des villas pompéiennes qui s'élevaient à droite et à gauche, et, tout au bout de la longue pelouse, un autre bâtiment néo-grec clôturait le prodigieux rectangle. Mais comment décrire ces choses? La beauté échappe toujours aux mots qui veulent la cerner.

Retour à l'Université. Elle est toujours la même, accueillante avec cette nuance de dédain qui fait son charme. Ses vastes pelouses bordées de pavillons néo-grecs reflètent une âme tranquille et parfaitement satisfaite de ce qu'elle est. On vient la voir, elle sourit et vous tend la main. On se détournerait d'elle, l'Amérique entière l'abandonnerait au pied de ces collines qu'elle n'en poursuivrait pas moins son rêve paisible, orné de littérature classique, de frontons blancs, de feuillages noirs. Du Nord au Sud qui envierait-elle donc? N'est-elle pas la fille de Monsieur Jefferson? J'ai revu presque tous mes professeurs. Le Docteur Faulkner me parlait de la question nègre. Il me disait, et j'ai toujours pensé comme lui sur ce point, que le Noir n'est méprisé par le Blanc que dans le Nord. Et il m'a raconté l'histoire suivante. Dans le hall d'un grand hôtel de Philadelphie ou de Boston, quatre ou cinq messieurs sont en train de lire leurs journaux. Arrive un voyageur noir qui s'installe non loin d'eux et déploie son journal à son tour. On le regarde, et, l'un après l'autre, les Blancs quittent le hall, à l'exception d'un seul, qui se lève, va vers le Noir et lui demande de quel État il est : « De Virginie. – Moi aussi », dit le Blanc. Et ils se serrent la main.

A l'Université, j'écris ceci dans la vieille bibliothèque où j'aime à penser qu'Edgar Poe est venu lire et rêver quelquefois. Il y a quinze ans, je travaillais à cette même table. J'essayais d'oublier Paris et j'y pensais sans cesse, au lieu de profiter de tout le bonheur qui m'était offert. J'étais amoureux et sauvage et je me rendais malheureux à plaisir. Est-on jamais plus sot qu'à cet âge? Je ne faisais rien pour décourager ma propre tristesse, je la cultivais plutôt; elle a pris par la suite un développement extraordinaire, menaçant d'envahir toute ma vie; je m'en suis débarrassé en la faisant passer dans mes livres.

Visité les nouveaux bâtiments dont aucun n'est beau. La vieille Université est intacte, mais alors qu'elle était jadis entourée de bois,

1937. L'Université de Virginie. Les colonnes, comme des soldats à la parade.

← 1919. Ma chambre à l'Université. De là sont sortis tous mes désirs et mes rêves, c'est-à-dire tous mes livres.

de prés et d'étangs, comme du temps de Jefferson, elle étouffe à présent dans une ceinture de grandes maisons banales. On a beau me dire qu'elles ont coûté fort cher, elles n'en ont pas plus de mérite à mes yeux. Non, il en est des villes et des universités comme des hommes : la richesse tue en eux quelque chose qui ne se retrouve ni ne se remplace jamais. A présent que l'Université est devenue une des grandes universités d'Amérique, avec un gymnase large comme une gare, un dortoir aussi vaste qu'une caserne, etc., elle attire de plus en plus de garçons du Nord, et je ne m'en plains pas, mais je constate qu'elle n'est presque plus une université du Sud. Ses professeurs viennent d'un peu partout... Un fait curieux. En 1920, les automobiles étaient assez rares autour de l'Université. Bien peu d'étudiants en avaient. Maintenant les rues en sont encombrées. Ah! Aller à ses cours en voiture, je n'arrive pas à croire que cela soit sérieux. C'est plus fort que moi, je n'arrive pas à me persuader que le goût de l'étude s'accommode de ce genre de luxe.

Après un voyage en Virginie, je reviens encore à l'Université. C'est la fin du jour. Plus un élève; tout y est livré à la solitude et au souvenir. Nous nous sommes promenés sur la longue pelouse qui s'étend devant la Rotonde; les grands arbres murmuraient au-dessus de nos têtes, les rangées de colonnes blanches brillaient dans le crépuscule et jamais je n'ai été frappé comme alors par la simple beauté de cet alignement. J'aurais voulu rester là pendant des années, mais il fallait partir, il faut toujours partir, d'où que l'on soit.

Savannah

Si je voulais donner une idée du Sud à un Européen, comment m'y prendrais-je? Il faudrait imaginer une belle maison anglaise décrite par Dickens et la placer dans un décor de Rimbaud.

Dans la maison où ma mère a passé sa jeunesse, je me suis assis pour regarder autour de moi et faire semblant de n'être pas tout bonnement un visiteur, mais quelque chose de plus. Je suis seul. Par la fenêtre je vois la jolie maison de style colonial que Thackeray a habité lorsqu'il est venu ici, et où il a écrit quelques pages de ses *Virginians.* De l'autre côté de la grande place ombreuse, la voix douce d'une négresse qui vend ses fruits. Un grand silence dans la maison où tout brille : les miroirs inclinés, les meubles de bois sombre, et le parquet noir. A trente minutes d'ici, cependant, il y a ces colonnes roses dans la solitude des bois, et ces arbres qui semblent les vestiges d'une préhistoire pleine de terreurs, et au sommet du plus élevé d'entre ces arbres un oiseau de forêt vierge qui rit sinistrement au soleil. Je ne sais pourquoi je pense à cela, près de ce piano innocent qui a fait danser des jeunes filles en crinoline. Mais il me semble que dans le Sud une nature barbare et menaçante arrive presque au seuil des fragiles maisons à colonnes blanches. Elle est autour de nous, avec ses vautours, ses serpents, ses alligators et sa végétation de cauchemar. Et cette mélancolie qui semble venir du commencement du monde.

Pourtant ma mère était d'ici, elle était gaie. C'était une femme spirituelle et bonne dont le pas, la voix et les éclats de rire me resteront à jamais dans la mémoire.

Hier, j'ai fait visiter à Robert la maison que mon grand-père a construite, un peu avant la guerre de Sécession. Pour être exact, elle a été achevée le jour où le colonel Beauregard a bombardé Fort Sumter, le 12 avril 1861. C'est une vaste maison de style Tudor, peinte en ocre. Des sycomores la bordent d'un côté et des bananiers cachent à moitié sa véranda gothique. La pièce que je préfère est la bibliothèque, sombre et tiède, avec sa cheminée ogivale où flambent

1922. Les bords de la rivière Savannah, large comme un bras de mer.

de grosses bûches, ses portraits de Lee et de Stonewall Jackson, ses bustes de plâtre, ses tableaux (un peu de travers), ses livres aux reliures fatiguées. Les moulures gothiques se désagrègent, la peinture s'écaille et tout cela demeure splendide d'une manière qui semble particulière aux États du Sud. Au premier étage, la chambre où Sherman a couché. C'est de là, sans doute, qu'il a écrit au président Lincoln, le 24 décembre 1864, pour lui offrir Savannah en cadeau de Noël. Il n'est pas exact que le général ait exigé cette maison, mais mon grand-père était Anglais et, en lui offrant l'hospitalité, voulait épargner à ses amis et parents du Sud l'humiliation de recevoir un vainqueur.

Je me demande quel nom lui eût mieux convenu que ce nom de Savannah à la fois doux et sauvage? Il me surprend toujours quand je le vois imprimé dans un journal, et pourtant qu'une récente conférence monétaire y ait eu lieu n'a rien qui doive étonner. Car il y a des banques, à Savannah, des magasins, des usines, enfin l'horreur moderne dans toute sa complication assommante, mais il y a autre chose que le temps n'a pas encore foudroyé, une ville qui rêve dans ses ombres et dans ses parfums.

On appelle Savannah la ville des arbres, et il semble bien, en effet, que les arbres se soient emparés d'elle. Dans la plupart des cités, même à Paris, on a l'impression que les arbres sont là pour embellir les plans d'architectes; on leur a dit de se tenir bien droits le long des boulevards, et ils obéissent, ils servent, tandis qu'à Savannah ils prennent de grandes libertés parce qu'ils se sentent les plus forts, mais ce sont de bons géants et lorsqu'on passe près d'eux et qu'ils remuent paternellement leurs branches monstrueuses au-dessus de votre tête, on croirait presque les entendre murmurer : « Mon enfant... »

Une des phrases les plus singulières que j'aie jamais lues est assurément une phrase d'Aristote qui dit que les arbres dorment. Quelques-uns des chênes de Savannah doivent rêver au temps où la ville n'était pas et où les aigles couleur de bronze venaient se poser sur leurs bras étendus; et sans doute rêvent-ils aussi à la forêt vierge toute proche et dont l'heure viendra quand la ville ne sera plus. Ces grands personnages prophétiques donnent à Savannah une gravité particulière; ce n'est pas qu'ils la menacent, mais ils l'avertissent avec bonté que nos petites cités humaines disparaîtront enfin, avec le temps, et que le végétal reprendra ses droits. L'arbre, un jour, placera le pied sur la hache et brisera la scie dans ses racines.

1921. Les grandes allées de chênes-lièges drapés de mousse espagnole dont les franges s'agitent à la moindre brise.

Le visiteur qui flâne à Savannah, s'il s'écarte des artères les plus bruyantes et les plus banales, sera peut-être sensible à la beauté soucieuse de la vieille ville. Il en emportera le souvenir de longues avenues aux trottoirs de brique rose sur lesquels l'ombre des feuilles inquiètes semble une main qui écrit. Des maisons néo-classiques bordent les *squares* qui n'ont plus à subir l'assaut des guerriers Peaux-Rouges et ne retentissent aujourd'hui que des cris modulés du nègre qui vend ses melons d'eau. Vers 1750, en effet, à la première alerte, les habitants prenaient refuge dans les grands *carrés* qui s'échelonnaient en ligne droite et que fermaient de hautes palissades. Tombait alors sur les assiégés une pluie de flèches à tête de silex comme en découvrent encore dans les bois les petits Américains. Ces carrés furent l'origine des belles places de Savannah où l'on retrouve un peu du Nouveau Monde tel que Chateaubriand l'a pu voir, dans un immuable décor de colonnes blanches sur lesquelles voyage lentement, du matin au soir, l'ombre des sycomores et des magnolias. Et qui n'a pas suivi des yeux cette ombre en agitant ses rêves ne connaît pas le Sud.

L'étranger qui va un peu vite passe alertement à côté des mystères. Il faut avoir vécu là-bas et s'y être abîmé dans l'ennui pour goûter par le souvenir le charme de cette ville hantée. Sur tout le Sud inférieur, magnifiquement appelé *Deep South,* règne une tristesse d'autant plus difficile à décrire qu'elle semble à chaque instant contredite par la gaieté charmante des habitants. N'est-ce pas le pays des voix plus douces, des façons plus cérémonieuses, des juleps délicieux qu'on boit lentement sur les vérandas, des bals? D'où vient cette mélancolie qui jette son voile sur les plus lumineuses après-midi? Je me le suis souvent demandé. Est-ce le souvenir d'une époque heureuse et brillante que termina une énorme catastrophe? Ou cette nature somptueuse et sinistre, ces chênes qui tendent sur le ciel, comme de grands haillons gris, leurs *mousses espagnoles* dont les franges palpitent si bizarrement dans l'air immobile? Qui pourrait le dire? Mais il passe un peu de tout cela dans ce nom plein de langueur et plein de nuit.

1921. Le rêve du sculpteur (au centre) dans le sous-sol du musée de Savannah. Et tout l'Olympe qui me rendait fou de la beauté humaine.

Washington

La nuit, dans ces petites rues dont les trottoirs de brique luisent parfois sous l'averse comme de précieux émaux, je me promène un peu au hasard, essayant de voir la ville par d'autres yeux que les miens, heureux quand mon imagination dérive au point de brouiller mes pas et qu'à cinq minutes de chez moi je ne retrouve plus mon chemin. Personne à qui demander le renseignement qui m'épargnera de tourner en rond. Je ne m'en soucie guère, je continue ma promenade avec l'invisible compagnon que je me suis choisi, car de même que, pendant les insomnies de l'aube, j'erre par l'esprit dans ma ville natale, ici j'offre à tel ami lointain de marcher à mes côtés entre ces rangées de maisons qu'il ne verra peut-être jamais. Je veux lui montrer une Amérique qu'il ne connaît pas. C'est une sorte de jeu comme la nostalgie en propose quelquefois.

Mentalement j'engage le long entretien qui enchante la mélancolie, et je dis à ces yeux attentifs : « Regardez ces petites maisons. Vous n'en avez peut-être jamais vu de semblables. » Ce sont des maisons fort simples que je leur fais voir, des maisons de bois ou de brique, vieilles de cent ans, sans colonnes ni balcons, et qui paraîtraient austères si elles étaient plus grandes, mais elles tiennent si peu de place qu'elles font songer presque à des jouets. Que dire de ces fenêtres où l'on ne croirait pas pouvoir passer plus que la tête et le bras, de ces portes qui feraient craindre de se heurter le front au linteau? Sans doute n'est-ce là qu'une illusion; elle vient de ce que de très vieux arbres joignent leurs branches monstrueuses par-dessus les toits aux lignes si sages. Ces chênes dont les racines soulèvent le pavé comme des mains de géants goutteux, ces érables tendus vers le ciel nocturne faussent les proportions de toute la rue. Pour rendre l'impression de ce qu'on voit, il faudrait recourir à des peintres et devant une rangée de maisons hollandaises du XVIIe siècle faire croître la végétation exaspérée du Douanier Rousseau. On dirait qu'ici la timidité de l'homme inspire à la nature de se surpasser, de faire valoir tous ses muscles. Ces arbres plantés sans beaucoup d'ordre ressemblent à des Titans en promenade et qui s'arrêtent pour jeter la vue par-dessus les cheminées. Peut-être ne les verrais-je pas ainsi si je n'empruntais vos yeux pour les observer; au fond c'est vous qui me montrez la ville.

Allons plus loin. Savez-vous où vous êtes? Cette grande masse de feuillage noir qui brille près d'un réverbère, dans la bise de décembre, c'est un magnolia comme on en voit dans toutes les villes des États du Sud. A Richmond, à Charleston, à Savannah, il se tient droit au bord des avenues auxquelles il prête le mystère de ses lourdes feuilles immobiles dans la brise; elles luisent avec l'éclat d'un métal sombre et le revêtent comme des lamelles d'une longue armure barbare; vers la fin de l'été, ses larges fleurs blanches tombent sans bruit sur le sol comme des mains ouvertes. Mais ici nous ne sommes pas dans un État du Sud et ce magnolia tout ruisselant de lumière électrique semble un peu en exil.

La nuit est froide et claire. Longeons ce petit mur de brique dont la couleur se fane. La rue devient étroite. Plus d'arbres. Nous voici tout à coup en Europe, dans une Europe du Nord qui hésite entre l'Angleterre et les Pays-Bas, entre le XVIIe siècle et le XIXe siècle. Quel silence dans ces rues que nous remontons l'une après l'autre!

Celle-ci où nous arrivons semble encore plus tranquille que ses voisines. Elle est courte, large et vide et l'on voit qu'elle aboutit à un parc dont la grille demeure ouverte. On songe en la voyant à certaines pages de Dickens où le charme de l'époque victorienne est encore sensible. Le long mur pâle où le réverbère jette un dessin compliqué de branches nues, n'est-ce pas la province telle que les grands romanciers l'ont vue en France et en Angleterre? Mais ce trottoir de brique rose est bien d'ici, et bien du Sud. Nous ne sommes pas dans le Sud, cependant. Au fait, où sommes-nous donc? Au fond de quelle charmante province? Il y a une inscription au-dessus de cette porte qui doit s'ouvrir sur des jardins. Approchons. Que lisez-vous?

Dumbarton Oaks. Vous êtes à Washington.

Bâle

Les falbalas du Rhin autour des arches. Il est en furie, ce matin, et ses eaux beiges me font penser à un fleuve américain dont il prend les dimensions, dans un grand fracas de cataractes. Je le regarde d'une terrasse où je bois du café. Un peu plus tôt, parlé à une jeune fille. Candeur exaspérante : « La gare monsieur, c'est juste tout droit. » Elle a des yeux à travers lesquels passe le ciel, mais on souhaite en la voyant que son mari la batte. Étrange de se trouver dans un pays qui n'a jamais été bombardé.

A l'Hôtel des Trois Rois, le plus vieil hôtel d'Europe. Cela m'a donné un coup de voir par la fenêtre de ma chambre, de l'autre côté du fleuve, le bâtiment de brique rose crénelé dans le style du Moyen Age, lourd, carré, et que j'avais vu en 1925, alors que j'étais entré avec Robert dans la pâtisserie, à l'angle du vieux pont. J'avais dit : « Regarde, la maison de mon grand-père à Savannah. » Il y a, en effet, un rapport et j'ai été tiré en un instant cinquante-cinq ans en arrière.

Au musée, une toile de Boëcklin si injustement méconnu en France. C'est une pietà dont je ne connais d'équivalent nulle part pour l'expression d'une douleur presque surhumaine. La Vierge en voile noir dont un pan couvre une partie du corps du Christ étendu. Elle renverse la tête, en proie à une crise de larmes si réaliste et si poignante qu'on est tenté de détourner les yeux par pudeur. C'est une femme de maintenant et de tous les temps qui ne peut supporter l'effrayante épreuve de voir le corps de son fils torturé. Le visage du Christ est d'une sérénité profonde, comme s'il savait ou plutôt parce qu'il sait. Il y a un abîme entre la douleur de la mère et le calme du fils. Je regardais sans fin cette toile exceptionnelle de beauté et d'émotion. Éric m'a dit qu'il y a aussi une *Descente de croix* de Boëcklin, à la Nationalgalerie à Berlin, où le visage de la Vierge donne cette impression de désastre du cœur, comparable à la *Vierge en pleurs* de Dirk Bouts.

1948. Bâle. Saint Martin coupant son manteau pour l'éternité.

Un après-midi, nous marchons dans les bois le long d'un cours d'eau coupé de petites chutes parallèles, je ne sais combien il y en a, mais elles sont nombreuses et elles font sur les cailloux un murmure qui nous accompagne tout le temps de notre promenade. Et un autre soir, c'est le clair chuchotement d'une fontaine près de la cathédrale qui nous arrête longuement tandis que la lune brille sur les toits.

Cette ville si belle avec ses rues zigzagantes et ses petites maisons peintes est un vrai labyrinthe pour une voiture : il faut toujours tourner dans le même sens, et malheur si on dépasse l'endroit où l'on veut s'arrêter, un nouveau tour est nécessaire, il faut même passer d'une rive à l'autre. Comme dans un jeu de l'oie. A l'hôtel, un détail nous amuse : les recommandations en cas d'incendie, dans chaque chambre, indiquent les « chemins d'évasion », c'est-à-dire les sorties de secours.

Au haut des marches, sur le palier du premier étage du musée, l'énorme machine de Tinguely. Cette architecture insolite, le grincement des rouages, les pistons qui se lèvent, les roues qui tournent, les tubes qui marchent, pour arriver enfin à ce qu'une balle tombe dans un léger floc, tout cela nous retient comme des enfants pour qui ce qui compte, ce n'est pas la magie, mais le tour de passe-passe lui-même.

Le Rhin nous fascine tous les trois et, tandis que Jean et Éric jouent aux cartes sur une terrasse qui domine le fleuve, je reste à contempler de la fenêtre de ma chambre les grands bateaux qui glissent dans les eaux rapides, sans me lasser de cet appel à un éternel voyage. Là-bas est l'un des mots magiques que j'aurai aimé sur cette terre – là-bas, les pays lointains, ailleurs...

Glasgow

Glasgow bâtie autrefois en pierre rose devenue par endroits toute noire ne manquait pas d'une certaine grandeur un peu sinistre. On y voit encore des maisons énormes avec des silhouettes de château du Moyen Age. Maintenant, avec les gratte-ciel qui peu à peu l'envahissent, elle retrouve une nouvelle jeunesse au prix de sa personnalité ancienne. Le vieux monstre essaie de sourire.

Vu de très beaux jeunes gens des deux sexes. Même les plus simples ont l'air de bonne race, énergiques et bien constitués. Partout une grande politesse, c'est ce qui me plaît le plus.

A la cathédrale de Glasgow, en pierre rose brun, noircie par le temps et par la fumée, mais fort belle avec ses ogives du XVe siècle et ses deux cryptes. De longs bancs de bois sombre et luisant garnis de coussins remplacent nos chaises de paille. Elle reste indéfinissablement catholique. Elle garde cette lumière qui s'apparente au silence comme s'il en était un des mystérieux éléments, cette majestueuse église que John Knox dans sa fureur antipapiste voulait abattre. Il dut céder devant l'opposition résolue de la population entière.

Glasgow, la ville noire du XIXe siècle, subit des transformations rapides dont certaines sont bonnes. Tout ce qui relevait du taudis a été abattu pour être remplacé, hélas, par des bâtiments cubiques sans caractère et sans dessin. Ailleurs une ville magnifique débarrassée de sa crasse, des ensembles de riches demeures du temps de George III dans des squares ombragés; Londres n'a rien de plus beau ni de plus élégant que ces vastes quadrilatères et façades classiques aux croisées d'une hauteur orgueilleuse.

Nous nous promenons dans un quartier en démolition : églises barrées de planches, rangées entières de maisons montrant des fenêtres vides, façades sans épaisseur et longues esplanades de pierres et de gravats, tout cela conservant une poésie sauvage. Un enfant demande à Éric qu'il le prenne en photo et le voilà s'allongeant à même l'asphalte, dans des poses de studio. Éric fait semblant d'être dupe et le saisit au naturel. Moi, je prends les ruines.

Dans l'après-midi, par un temps frais et ensoleillé, au Victoria Park. Il y a là un petit musée d'arbres fossiles, musée étrange : dans un enclos grand comme un salon se voit sur un sol de ciment ce qui reste d'arbres coupés à un mètre de leurs racines et transformés en blocs de pierre. Les racines qui s'étendent assez loin ont ceci de particulier qu'elles s'écartent comme des bras d'étoiles de mer, à équidistance les unes des autres, ce qui ne se voit plus de nos jours, paraît-il. Ces tronçons d'arbres ont deux cent trente millions d'années et ont été fossilisés, je dirais pétrifiés, à l'époque glaciaire. Tous d'un gris blanchâtre, j'en ai compté sept, ils font rêver à ce que dut être cette forêt des premiers temps du monde.

Samedi tôt dans l'après-midi, un samedi après-midi anglo-saxon, vide comme un dimanche français, sans âme qui vive, sans mouvements, nous allons à Lynn Park, là où se termine l'aventure guerrière de Mary Stuart. Les nuages aussi sont immobiles.

En contrebas de la route, il faut traverser d'abord un cours d'eau et un parc à l'abandon, puis l'ombre d'arbres immenses nous saute dessus après la chaleur de la route. Des troncs gigantesques ont été coupés pour en faire des tables et quelques jeunes garçons disputent une partie de football dans une prairie dont on ne voit pas la fin. Des murs écroulés sous le lierre et le chèvrefeuille, une petite terrasse et quelques pans d'une maison, voilà tout ce qui reste du château de Cathcart où la reine regarda ses dernières troupes, pourtant plus nombreuses, se rendre à Lord Moray, son frère. Tout ce qui lui advint ensuite, la captivité, l'échafaud, se trouvait déjà en puissance dans la vue qu'elle avait du champ de bataille. La défaite payait le meurtre de Darnley. *Exit* une reine, comme dans Shakespeare.

Sous les ombrages rafraîchissants de Lynn Park, je songe à cette dernière journée de souveraine, il y a un peu plus de quatre cents ans. C'était en mai, par une journée ardente, et nous sommes un jour torride de juin. Devant nous, au-delà du parc s'étend toute la plaine, les champs, les collines vers Langside. Le temps n'existe pas et des armées fantômes continuent à livrer leur invisible bataille dans la mémoire des hommes...

1978. Buchanan Castle près duquel Rudolf Hess atterrit.
Les rigueurs du fisc ont obligé Lord Hamilton à laisser son château aux arbres et aux chauves-souris.

Édimbourg

Nous sommes allés à Saint-Cuthbert, petite église presbytérienne du siècle dernier, entourée d'un cimetière dont la beauté nous a retenus un long moment. Des centaines de dalles levées, presque toutes noires, plantées dans un gazon tondu avec un soin extrême. Certaines se penchent d'un côté ou de l'autre sous des arbres d'une taille vénérable. Il pleut à verse et les dalles brillent et n'en sont que plus sombres. Tout cela d'une poésie intense, dénuée de toute tristesse. La paix est là, invincible, hors de toute atteinte : tous ces morts groupés sans ordre, j'allais dire au petit bonheur, mais c'est le mot qui me vient sous la plume, autour d'une église néo-gothique victorienne qui aurait pu être insignifiante et cependant...

Cependant si dru tombe la pluie, que nous trouvons refuge à l'intérieur sans avoir vu la tombe que nous cherchions. Dès la porte ouverte, nous sommes conquis par le goût de l'ornementation. Le parement d'autel est brodé de fleurs aux teintes légères et, dans le jour incertain, les longs bancs de bois couleur de miel pâle ajoutent une note heureuse entre ces murs. De la sacristie sort un monsieur : le pasteur lui-même qui nous montre et nous explique tout ce qui concerne son église, et cela avec une courtoisie charmante. Où est la rigueur, j'allais dire la rugosité du calvinisme traditionnel? Certainement pas ici dans cette maison de Dieu, comme on l'appelle. C'est, là où nous sommes, un protestantisme souriant et de bon ton, tel que je l'ai connu enfant! Même à l'âge que j'atteins, je ne m'habitue pas à l'injuste séparation des Églises chrétiennes.

Mais la pluie tombe moins fort et nous pouvons sortir. C'est la tombe de Thomas De Quincey que nous désirons voir. Il faut la chercher patiemment parmi toutes ces dalles encore ruisselantes. Tout à coup elle se laisse découvrir et nous restons là un instant, fascinés par ce nom sur cette pierre restée blanche grâce à une sorte de petit auvent qui la protège, tout près d'un vieil arbre. Il a fallu que le rideau de pluie fût bien épais pour nous empêcher de voir

1978. Les couleurs ont changé en une minute, la photo suivante était obscure, c'était la magie de l'Écosse (ici près de Culloden).

1978. La chapelle de Roslin. Ce matin-là j'étais seul avec le printemps et le vent dans l'Écosse de Walter Scott.

cette manière de monument. Et derrière lui, derrière le mur du cimetière qui fait partie d'un long jardin, une prairie monte jusqu'au pied de la forteresse d'Édimbourg.

Je retrouve plus tard, dans les *Confessions d'un mangeur d'opium,* cette phrase : « Je suis assez attaché à l'idée qu'une tombe placée dans un cimetière verdoyant parmi d'antiques collines solitaires sera pour un philosophe un plus sublime et plus paisible lieu de repos qu'aucun des hideux Golgothas de Londres. » N'est-ce pas un peu ce que l'Écosse lui a donné? Et j'ai beau croire que les disparus de ce monde ne sont pas dans le trou qu'on leur creuse en terre, mais bien ailleurs, je suis retenu là comme par une présence impérieuse. Avec des mots mis dans un certain ordre sur des centaines de pages, cet homme a su faire cela qu'un visiteur, un siècle plus tard, s'arrête, ému.

Dans le quartier résidentiel d'Édimbourg, le style Adam domine et les maisons débarbouillées de leur crasse charbonneuse ont grand air dans leur élégante simplicité. Ces rangées de hautes fenêtres parlent d'une civilisation fière, sûre d'elle-même. De très beaux jardins aux arbres épais emplissent le centre des squares, et partout un déluge de fleurs.

Dans le musée d'Édimbourg, un portrait de Rembrandt par lui-même me parle longuement. Un autoportrait est toujours un reflet dans un miroir, mais dans celui-ci on dirait que le miroir a disparu, le peintre est vraiment là. Une lumière dorée tombe sur ce visage durement frappé par le malheur, mais qui garde toute sa grandeur spirituelle. La toile date de 1657, année fort sombre pour le peintre. Couvert de dettes, insolvable, il voit dispersés en trois ventes soixante-dix de ses toiles, ses dessins, ses gravures, puis sa maison et son mobilier avec toute sa collection de maîtres italiens, français, allemands, hollandais. Cela ne suffit pas. Nombre de créanciers sont insatisfaits et veulent s'en prendre aux biens de Titus, le fils bien-aimé. On ne peut imaginer une ruine plus complète et cela après des années prospères et glorieuses. Mais, si la souffrance se lit dans ses traits, elle est dominée par une noblesse de cœur qui fait de ce visage un des plus émouvants que l'art nous ait jamais montrés. La bonté efface l'amertume, mais non une sorte d'indignation devant l'injustice et la rapacité des hommes.

A Parliament House, le plafond en bois sombre à lanternes comme une voûte de chauves-souris suspendues sur nos têtes, image du subconscient qui domine toutes les salles où le monde réunit des assemblées, que ce soit sous n'importe quels cieux, pour juger, asservir, commander ou condamner et où flotte pour moi le sang immatériel de toutes les souffrances qui y furent engendrées.

Château de Macbeth. On a l'impression que la forêt de Birnam est venue à l'assaut.

1979. Bergen. Maisons de bois d'une couleur sang-de-bœuf.

Bergen

1932. Les maisons de bois font penser à celles qu'on voit dans les plus vieilles des villes américaines, avec des façades ornées de fausses colonnes à chapiteaux en feuilles d'acanthe. La maison hanséatique, petite demeure noire et sinistre dont certaines pièces donneraient le cauchemar s'il y fallait passer la nuit, en particulier la chambre des apprentis. Jamais une femme ne pénétrait dans cette pièce. Une fenêtre intérieure au-dessus des lits permettait à la domestique de les mettre en ordre sans s'aventurer entre ces murs : elle se tenait soit dans l'escalier, soit dans une pièce voisine, et penchée en avant, tirait sur les draps et les couvertures. Singulière maison. Les marchands d'Allemagne, nous dit-on, ne se mariaient pas. Au-dessus du lit d'un de ces marchands, une grossière peinture représente une femme, point de départ, sans doute, de bien des rêves. Une corde armée de clous pour châtier les apprentis qui rentraient en retard. Peu de fenêtres sur la rue. On dormait dans des placards.

A Bergen, ce matin. J'y étais aussi en 1928 avec Robert, en juillet, et c'est un souvenir heureux. Éric était enchanté comme moi par cette ville aux maisons de bois peintes en couleurs douces, vert clair, gris pâle, bleu azur, qui sont comme le reflet de l'apparente innocence des habitants – je dis apparente sans ironie, je dis ce que je vois. Des têtes d'anges dans les rues vous regardent avec une sérénité pleine de bienveillance. J'avais la même impression il y a cinquante ans. La triste sexualité semble absente. C'est à mon sens la plus belle race de l'Occident sous le rapport physique avec cette particularité que l'idée de provoquer le désir ne paraît pas l'effleurer. La chair doit parler ici comme ailleurs, mais le vice, non. C'est ainsi que je le vois.

Le musée hanséatique est un lieu d'horreur. La maison est petite et sombre, avec des boiseries brunes et des escaliers raides comme des échelles et de petites pièces obscures où on sent errer encore des souvenirs de terreur. Les apprentis dormaient dans des lits trop courts au fond de placards sur les portes intérieures desquelles étaient peintes des sirènes. Les désobéissants, les retardataires étaient punis à coups de corde nouée. Une vitrine garde pieusement l'objet : la corde n'a guère plus de quarante centimètres, elle est tressée, épaisse et dure, et se termine par un nœud marin.

Cette maison hanséatique est un parfait petit enfer. Dans une salle cependant, basse de plafond et éclairée, mal, par de très larges baies à carreaux étroits, j'aperçois sur un meuble imposant un grand et gros volume épais et d'aspect vénérable. La Bible sans doute, car nous sommes chez Luther. Mais non, c'est un monumental livre de comptes.

Promenade en ville, les maisons peintes ont l'air de sourire de bonheur. Des enfants fort beaux s'amusent à grimper sur un formidable animal préhistorique, tout en bois. On lui monte sur le dos et on défie le monde. Au milieu d'une place, un grand Christ en croix, en fer forgé, posé presque au ras du sol, très réaliste et très émouvant. La cathédrale du Moyen Age, confisquée par la Réforme, a beaucoup de dignité, l'autel est celui des vieilles églises catholiques et la table de communion en cercle est entourée dans le bas d'un rebord de cuir jaune qui suppose qu'on reçoit la communion à genoux. J'ai peu d'affinités pour le luthéranisme, mais il conserve loyalement le souvenir de ses origines romaines. La décence y est parfaite de la beauté indéniable.

Sur le port, le marché aux poissons. La mer a jeté là ses entrailles. Le gris et le rose dominent sur ces grands étals qui font penser à ceux des bouchers, avec les taches de sang sur des mâchoires ou le long de ventres ouverts. Mais le sang qui vient de la mer est d'une couleur plus froide. De gros poissons hérissés d'une barbe d'écailles ouvrent des yeux et des bouches féroces sur les passants, comme des acteurs de nô jouant les samouraïs. Les saumons, les plies, les harengs, les anguilles, c'est une comédie humaine qui s'est jouée dans les profondeurs et qui finit comme la nôtre sous ces auvents, tandis que plus loin, deux jeunes fleuristes aux joues roses vendent leurs bouquets de marguerites et de zinnias.

1979. Bergen. La Révolte en marche.

1976. Norvège. Le bonheur semble sourdre des couleurs elles-mêmes. (Ici l'une des nombreuses îles côtières.)

Leeuwarden

Quand j'étais enfant, je rêvais à certains pays et à certaines villes dont les noms me grisaient d'une nostalgie délicieuse. Le nom d'Édimbourg me rendait triste à mourir. Celui d'Anvers exerçait sur moi un charme si puissant que j'ai longtemps hésité à me rendre dans cette ville, de crainte de la déception qui pouvait m'y attendre. Et maintenant que je connais Anvers et que ce port a perdu pour moi à peu près tout son mystère, je me prends quelquefois à le reconstruire dans ma tête, tel que je me le figurais à l'âge de dix ans, en utilisant les deux syllabes de son nom.

Un autre nom magique était celui de Frise. S'ennuyer dans une salle d'étude, au lycée Janson, alors qu'il y a des gens qui se promènent en Frise! J'aurais préféré qu'on ne m'eût jamais parlé de ce pays, ou qu'on l'eût appelé autrement. Eh bien, aujourd'hui me voilà en Frise, à Leeuwarden! Nous logeons dans un vieil hôtel aux chambres spacieuses qui donnent sur un long jardin tranquille. La table sur laquelle j'écris est recouverte de peluche verte, comme elle l'était il y a cent ans, et il y a en face de moi un grand sofa capitonné qui ressemble à une provinciale un peu mûre faisant sa sieste dans une robe de bal défraîchie. D'heure en heure, le carillon d'une église voisine joue un petit air que je ne reconnais pas et qui est sans doute le début d'un cantique.

Nous nous sommes promenés en voilier avec un vieil Hollandais qui nous a chargés de la manœuvre après nous l'avoir expliquée. Robert tirait d'un côté et moi de l'autre. Ce qui nous paraissait n'être qu'un geste facile qu'on accomplit sans y penser finit par nous couper les doigts et nous avons eu bientôt les mains enflées et brûlantes. Sur l'immense étendue des eaux, pas d'autre bruit que le chuchotement bavard des roseaux.

Des voiles blanches qui se couchent sous le vent, des prairies semées de fleurs jaunes, des fermes qui ont l'air de s'enfoncer dans le sol sous le poids de leur toit de chaume, un ciel sans limites, et des petites villes du XVIIe siècle, comme dessinées par les frères Luyken, il y a tout cela dans le nom de Frise.

Weimar

Weimar m'offrait ce que je pris pour la vraie Allemagne, un des grands refuges de la poésie. On y plongeait dans une immobilité de rêve où brillait l'inextinguible gloire. Je voulus tout visiter. Muet de respect, je traversai les salles en enfilade de la maison de Goethe. Dans l'une d'elles me frappa une gigantesque tête de Junon. Hors de toute proportion avec les meubles un peu raides, elle intimidait moins par sa grosseur que par la souveraine fantaisie de celui qui l'avait placée là. Aucun mystère dans ces pièces lumineuses, mais partout la présence du vieux monsieur olympien en robe de chambre de piqué blanc. Il m'agaçait un peu par son perpétuel et triomphal bon sens et je n'aimais pas son respect parfois excessif pour les puissances du jour, mais il avait fait entendre au monde un chant d'une beauté surhumaine et j'étais jaloux de lui, de lui seul.

Ce qu'on appelle le gros succès me parut toujours peu digne d'efforts, mais j'enviais les dons de cet homme. Je me persuadais également qu'il m'eût compris, qu'il m'eût donné d'admirables conseils – en vain, du reste, car je goûtais peu les conseils. Je gardais le souvenir du très gracieux nageur dont il fut épris dans sa jeunesse et dont la mort le consterna. Me revenaient aussi, avec un mauvais sourire, les réflexions douteuses de son Méphistophélès à la vue des anges du Seigneur.

A la *Gartenhaus* du poète, je me sentis ému devant la vaste et poudreuse couronne de lauriers posée sur l'étroit lit de fer où il était mort.

En 1929, la conférence de Locarno était déjà loin avec la paix perpétuelle qu'elle proposait aux esprits crédules. L'Europe bougeait de nouveau; à Paris, on regardait beaucoup du côté de l'Est où s'agitait un inconnu du nom de Hitler. A Weimar, le monde extérieur s'évanouissait, on était dans la ville la plus tranquille qui fût, rien n'avait changé dans cette Allemagne de rêve, la musique et la poésie semblaient s'y être donné rendez-vous. On allait d'un grand homme à l'autre, pour ainsi dire, de la demeure de Goethe à celle de Schiller, de Liszt, de Schumann...

En ville, on passe sans cesse du Moyen Age au baroque, mais l'harmonie de l'ensemble n'a qu'un nom : le charme. Je me suis attardé chez Frau von Stein, dans sa longue maison peinte en jaune sourd, avec les grandes pentes des toits de tuiles percées d'une douzaine de mansardes, et la masse foncée des orangers en caisse bouchant les fenêtres du rez-de-chaussée; la maison s'offre avec une majesté bon enfant, mi-bourgeoise mi-aristocratique. Chez Schiller, en revanche, tout est d'une sévérité monastique et c'est dans ce décor froid que brûlait une des grandes flammes du romantisme allemand. Le salon de Liszt me fait grande impression avec ses fenêtres somptueusement drapées de lourds rideaux rayés vert sombre et rouge sombre, obscurcissant le piano qui allait faire retentir l'Europe de la galopade des chevaux dans la puszta. Là, on se sent accablé d'héroïsme, dans ce salon si bien protégé. Sur le mur, un portrait de Beethoven. Il est chez lui, naturellement, dans ce tumulte d'ombres.

Des divinités grecques peuplent l'escalier du château; Athéna, avec un foudre à la main volé à papa Zeus, est assommante d'austérité, non loin d'un Bacchus un peu trop alangui dans sa niche pour être vraiment convenable, mais l'antichambre a de lourdes colonnes cannelées sans base, comme le temple de Ségeste. Avec ses colonnes ioniques se reflétant sur le parquet comme dans un lac, la salle de bal est d'une froideur parfaite. La maison de Goethe était plus humaine.

Dîné chez le comte Kessler. De grands chandeliers éclairant la table, des serviteurs en livrée, quelques fleurs blanches, le cérémonieux se mêlant au familier, dans une politesse étudiée de Cour. Il me montre une collection passionnante de manuscrits français, des autographes de Rimbaud, des lettres de Verlaine, un portrait de Rimbaud par Verlaine, un poème de Mallarmé, etc., tout cela couvrant les murs d'une bibliothèque. Nous nous sommes revus par la suite en Allemagne et à Paris. Que sont devenus les manuscrits et les dessins? Au fond de quelle bibliothèque de l'autre côté de l'Allemagne? Rien de ce que j'ai eu sous les yeux, là-bas, n'a jamais figuré depuis dans aucun livre ni aucune exposition.

La guerre que Weimar ignorait a bouleversé l'Europe, et en Europe l'Allemagne : Dresde a été détruite, mais Weimar reste, à l'écart, dans son Olympe de génies, comme si c'était le seul qui avait un sens.

Hambourg

A Berlin, un ami m'avait recommandé : « Si tu vas à Hambourg, va voir Rudolf, il connaît la ville *dessus et dessous.* » Rudolf habite deux pièces d'un rez-de-chaussée lugubre, à deux pas de l'Aussen Alster. Meubles modernes; un peu partout des plantes grasses et des fleurs, et malgré cela une impression de tristesse insupportable. Une petite chienne vient fourrer sa longue tête soucieuse entre mes mains et se laisse prendre par la peau du cou. Rudolf l'entoure de soins affectueux. Il se donne beaucoup de mal pour me mettre à l'aise, mais on le sent très neurasthénique. Lorsque je lui demande de nous faire faire un tour dans sa ville, ce soir-là, il sourit tristement et enfile aussitôt son imperméable. Nous allons de bouge en bouge et de casino en casino, sans rien voir de bien curieux, mais il paraît que ce n'est pas « un bon soir ». Seul l'Indisches Bar nous surprend. Dix ou douze nègres parlent, crient et discutent dans une salle sinistrement éclairée; des mots allemands, anglais, français se mêlent dans leur sabir. On pense à une page de Conrad. Le port est sombre et désert, balayé par un vent froid.

Le lendemain Rudolf me mène à Blankenese. Vue magnifique sur l'Elbe et la mer. *« Pompös, nicht »,* fait-il en voyant mon admiration. L'eau est noire et blanche tour à tour; des voiles blanches courent sous les nuages. Mais la tristesse de Rudolf est contagieuse. Ce grand garçon maigre porte la tragédie dans les yeux. Il me dit qu'il s'est trouvé un jour dans un tramway qui est passé sur le corps d'un enfant. « Tout le monde s'est levé avec le même cri d'horreur. » Cela lui ressemble. Je le quitte, je visiterai la ville à mon idée, un peu n'importe comment sans doute, mais ce sera plus drôle que d'être accompagné par ce garçon qui est lui-même une ombre.

A Sankt Pauli, ville de la chair. Plutôt très jeune. C'est la foire aux prostitués des deux sexes et autres. Il y a surabondance de l'offre. Les mauvais lieux se succèdent, illuminés de mille feux comme un collier de perles fausses. En bas, il y a la promenade le long du port. D'un côté les bateaux noirs et grands comme des maisons, puis le large quai pavé désert, et de l'autre côté les bars et les cafés bizarres où entrent sans cesse des gens de toutes les couleurs. Dans cette agitation violente il y a du caractère et la brutalité du pittoresque ne le cède en rien à ce qu'on peut imaginer des ports de l'Orient.

Dans la lumière bleutée de l'aube, le marché aux poissons est l'endroit le plus couru de Hambourg. Il faut y être à quatre heures du matin. Les odeurs de la mer sont si fortes qu'elles semblent être devenues elles-mêmes les couleurs des poissons. Des pyramides vivantes d'écrevisses. On me dit qu'au XIXe siècle les riches demeures de la ville avaient dans leurs caves des citernes d'eaux vives où on les élevait. On mettait pendant une ou deux semaines celles qui étaient choisies pour les prochains déjeuners dans une cuve spéciale et, chaque soir, un serviteur était chargé de les badigeonner de crème fraîche qu'elles ingurgitaient toute la nuit en se léchant. Chaque matin, le même serviteur les lavait à grande eau pour éviter que la crème ne rancisse. En deux semaines au plus, elles avaient grossi suffisamment pour le festin de ces Lucullus. Mais il fallut publier une ordonnance impériale interdisant aux maîtres de nourrir d'écrevisses leur domesticité plus de deux fois la semaine!

Dans un café une femme aux yeux de couleurs d'orage mange, à six heures du matin, des harengs à la Bismarck : des pommes, de la crème et des guirlandes d'oignons couvrent une peau d'argent bleu. Un grand verre de schnaps est à moitié vide devant l'assiette.

Je retrouve ce marché à la Kunsthalle dans une toile d'un peintre de la Sécession berlinoise, c'est la même atmosphère de petit jour. Peintre inconnu pour moi jusqu'ici, mais un tableau de ce Ludwig Dettman m'enchante, la pluie sur une table et des chaises de jardin, de grosses bulles dans des flaques... ma sœur la pluie. Dans ce musée où les chefs-d'œuvre ne se comptent pas, je n'ai presque rien retenu, il y avait trop de choses à voir. Mais la cavalière au Bois de Boulogne de Renoir m'a ravi; c'est une immense peinture du bonheur. La mère, montant en amazone, a l'air de pencher d'un côté et le garçon sur son poney de l'autre. Le petit poney doit aller plus vite pour suivre l'allure du grand cheval pommelé. Il y a aussi le délicieux Spitzweg; son *Astronome* a le nez aussi curieux que sa lunette d'approche; on est avec lui, l'œil collé au télescope qui le rapproche de l'infini. Ses *Moines dans un ermitage de montagne* rêvent. Autour, il y a l'été, les plantes, la paix du cœur, Dieu.

Nous nous embarquons pour l'Écosse. Vu de loin, sur l'Elbe large comme un bras de mer, Hambourg est un dessin du Moyen Age, avec les hautes tours de ses clochers sur la feuille blanche du ciel. Au fur et à mesure que nous nous éloignons, la ville devient un trait d'argent de plus en plus foncé qui se confond avec l'eau...

Après dix-sept ans me revoici à Hambourg. « Drôlement ratatiné », nous avait dit un jeune Français qui voyageait avec nous. En effet, mais les usines sont debout et les cheminées fument. C'est la ville elle-même qui est par terre. Ces ruines sont hideuses. Les villes détruites par des bombes sont toujours hideuses. Dire que Paris ferait une belle ruine, comme le prétendait Cocteau, c'est parler en homme de lettres. Je préfère me souvenir de la vieille cité que j'ai connue et qui reste debout dans mes souvenirs.

Trente-quatre ans plus tard, presque tout le passé m'est rendu, et, si je ne savais que des six tours celle de Saint-Nicolas semble sortir d'un feu qui a dévoré le reste de l'église, l'illusion serait presque parfaite. Certes, toute une partie de la ville ancienne a disparu, mais les constructions modernes sont souvent magnifiques et les villes du monde entier qui se mettent à vouloir se rajeunir devraient venir prendre une leçon en Allemagne. Les longs toits verts, l'eau qui est partout, les arbres envahissant les quartiers de Pöseldorf ou d'Altona, font de Hambourg à la fois un port et une ville d'eau. J'aurais voulu vivre ici, par n'importe quel temps. Les matins de brume en octobre, tout devient départ pour ailleurs, pour n'importe où hors du monde... Mais les après-midi ensoleillés sont aussi des départs, vers l'enfance cette fois avec les voiles qui se croisent, s'inclinent, se poursuivent, s'esquivent et fuient sur l'Alster. Et sur l'Elbe tout le peuple des grues mécaniques dresse autant de becs à la Giacometti pour fouiller les trésors des docks.

De grands bateaux gris passent sur l'eau grise que le soleil transforme en lac d'argent. Et je me demande soudain si, à Hambourg, *partir* n'est pas simplement *être à Hambourg*? Ville merveilleuse pour des Mille et Une Nuits du Nord, laisse-moi m'inscrire sur la liste – Bonnard, Claudel, Conrad... – de ceux qui t'ont aimée.

1982. Hambourg. L'homme sans tête et son rêve, séparés par un fil.

Wien

La neige toute noircie le long des trottoirs, mais les toits des grands palais jaunes gardent une blancheur éclatante. Des corbeaux passent lentement au-dessus de ma tête, les ailes pendantes comme les pans d'un long manteau noir.

Au 19 de la Berggasse, dans l'appartement de Freud. Il est meublé dans un style légèrement concierge, mais que tout cela est confortable! Le divan en peluche marron et rouge, sur lequel se couche le malade, est recouvert d'une sorte de tapis turc et les coussins du chevet sont rendus plus accueillants encore à la pauvre tête en désarroi par un oreiller et un coussin supplémentaires dans une taie blanche. Là où écrivait Freud, près de la fenêtre, un petit miroir. Il avait vue sur une cour des plus paisibles, avec quelques arbres. Partout des photos de lui à tout âge, enfant, jeune homme, vieillard, et vers la fin de sa vie, une grande noblesse dans les traits, un faux air de Maritain. Un jeune homme nous dit que dix mille visiteurs viennent là tous les ans, notamment des États-Unis.

Des douzaines de petites têtes, égyptiennes, romaines, africaines, les unes belles, les autres d'une laideur inquiétante, regardaient toutes ce grand homme au travail – et ses patients. Une reproduction du *Narcisse* du Caravage, penché avec avidité sur son reflet dans l'eau, peinture chère à Gide.

Dans les jardins de la Hofburg où nous sommes assis au soleil, il y a une grande couronne funéraire ornée d'un ruban rouge et blanc au pied de la statue de François-Joseph. Des portraits de l'empereur et de l'impératrice Élisabeth se voient un peu partout, dans les papeteries. Les Viennois sont assez peu aimables et partagent avec les gens de Zurich le prix d'excellence de la méchante humeur.

Déjeuné à l'ambassade de France, dans un hôtel du plus pur Jugendstil, bâti en 1907 ou 1908. Les grandes pièces blanches sont décorées de guirlandes dorées d'une légèreté et d'une finesse extrêmes. Tout est léger entre ces murs. Les ferronneries de l'escalier sont des tiges de fleurs d'un goût parfait qui m'a converti à cette époque si sévèrement jugée. Ce n'est plus le style nouille des bouches de métro, c'est quelque chose d'aérien qui m'enchante.

A la petite maison natale de Schubert qui m'a profondément ému. La cour avec sa galerie de bois, la petite cuisine avec son four qui chauffe tout l'étage, grâce à un trou carré dans le mur par où passait la chaleur, cuisine fort obscure; ensuite les pièces claires... Que de souvenirs d'enfance dans lesquels l'ange malheureux de la musique viennoise a dû puiser. Nous sommes allés de pièce en pièce, j'ai pensé à ses sonates fantomatiques, à ses airs qui serrent le cœur...

Dans la crypte de l'église des Capucins pour voir les tombeaux des Habsbourg, énormes cercueils de plomb et d'argent avec des *putti* funèbres et des têtes de mort coiffées de couronnes impériales. Le cercueil de François-Joseph, le plus simple de tous, dans le même marbre, m'a-t-il semblé, que celui de Napoléon. La chapelle réservée à son successeur, Charles, mort et enterré à Madère, avec un buste, m'a paru très frappante. Sur un petit autel brûlent des cierges. Dans les longues galeries voûtées, toutes blanches, il y a une accumulation de cercueils qui tourne au cauchemar, mais c'est un cauchemar grandiose. On n'oserait passer la nuit là. Quelqu'un l'a-t-il jamais fait?

Je suis allé visiter le dernier logement de Schubert. La chambre mortuaire est une très petite pièce bien triste, deux mètres cinquante sur quatre au plus, dont personne ne voudrait. Huit jours avant sa mort, il écrivait à Schober : *« Ich bin krank »* (je suis malade). Cette lettre se trouve dans une vitrine. Il se proposait aussi d'étudier la fugue et le contrepoint. On ne dit rien sur lui qui ne m'atteigne.

Déjeuné dans un charmant pavillon du Prater, jadis rendez-vous de chasse de l'aristocratie. Nous nous sommes promenés dans les bois où j'ai des souvenirs de jeunesse parfois encombrants. Loin tout cela, à une distance qui me paraît presque vertigineuse. L'âge vient sans prévenir. C'est en tout cas l'expérience que j'en ai eue. Mais aucune mélancolie dans ces brusques apparitions du passé. Je ne suis pas un parfait nostalgique. Pris le thé un peu plus tard au Kursalon dans le Volkspark. Cela fait sourire les Viennois, que nous aimions cet endroit où un orchestre de huit musiciens ne joue que des valses, principalement de Johann Strauss fils, mais à ravir. Quelques consommateurs seulement et parmi eux l'étrange personnage que j'ai déjà vu. Il est fort vieux et traverse la grande salle avec une lenteur onirique, car il n'a pas l'air de bouger, mais il n'en avance pas moins, une tasse de thé trop pleine à la main. Comme il eût intéressé Rilke... Il a l'air de craindre que, pris dans l'irrésistible tourbillon de cette musique tour à tour cajoleuse et endiablée, il n'envoie valser en l'air cette tasse qu'il porte comme une chose très précieuse. On finit par avoir la même appréhension que lui, et pour ma part je détourne la tête. Dehors, une vue sur de grands jardins verts.

Le soir, au Volksoper, *La Veuve joyeuse* donnée en perfection. Musique exquise, la valse si légère, à peine esquissée, alors que les orchestres étrangers en font une pesante rengaine. Le jeu des acteurs est tout en finesse, avec des effets d'un comique tout à coup appuyé. L'entrée du pochard est une merveille d'exactitude et d'élégance ironique sur un air qui m'a mis les larmes aux yeux, car je le connaissais déjà rue de Passy. Mon père en effet nous avait rapporté la partition de Vienne en 1907 et ma sœur Mary nous la jouait au piano. Du reste, toute cette opérette si joyeuse et si spirituelle est d'une profonde tristesse si l'on songe à l'époque dont elle nous montre une dernière et éblouissante image.

A la National Bibliothek. C'est probablement la bibliothèque la plus belle du monde avec ses immenses colonnes de marbre et ses décorations baroques. Exposition de manuscrits à enluminures. M'a frappé l'*Horologium Sapientiae* de Suso en français, et beaucoup d'autres livres sans prix en très grand nombre. On reste accablé par la quantité d'œuvres que jamais on ne connaîtra avant de mourir. Qu'est-ce que notre petit savoir? Et tout cela voué peut-être à une disparition soudaine...

L'après-midi, au zoo de Schönbrunn, les hyènes se battent. Les aigles ont une cage à leurs armes, c'est-à-dire plus exactement aux aigles bicéphales de l'Empire. Il y a des oiseaux indescriptiblement beaux, en particulier le corbeau dont le dos est couvert comme d'une sorte de cape bleu de nuit, le Trauerblaurabe.

Ce matin au Josephinum. La bibliothèque, claire et blanche, très élégante et très gaie, voisine avec des salles où se loge le musée des écorchés. Hommes et femmes de grandeur nature, beaux, faits à ravir, et tout nus dans des attitudes on ne peut plus gracieuses, gisent les entrailles à l'air. Des entrailles, horreur, d'un réalisme à vomir, chefs-d'œuvre d'exactitude qui ont servi à des générations d'étudiants en médecine. Ces cadavres exquis sont là dans leur

1935. Bientôt, avec l'Anschluss, toutes ces fenêtres deviendront des regards aveugles (palais Lichnowski).

longue vitrine, ventre ouvert, crâne décalotté de manière à faire voir le cerveau. Les multiples replis de l'intestin, le cœur à peu près au milieu de la poitrine et non tout à fait à gauche, comme le feraient croire les gestes des chanteurs d'opéra, enfin tout cela se passe de description. De même les embryons, les jumeaux dans le ventre maternel, les accouchements par la tête ou les pieds, quand ce n'est pas la césarienne, toute la pauvre humanité mise à nu, écorchée, dépouillée. Nous sommes des sacs de peau transportant je ne sais quoi d'horrible et de délicat, d'une précision de machine. Toutes les merveilles que nous quittons, ai-je besoin de le dire, sont en cire et du XVIIIe siècle. Fuyant ce lieu de cauchemar, nous nous rendons au Zeughaus, autrement dit à l'Arsenal.

Après le regard indiscret jeté sur l'homme intérieur, nous allons voir la carapace, à savoir les armures. Ce qui nous intéresse se trouve au milieu d'une salle lointaine. Dans une vitrine, la tunique bleu pâle et le pantalon noir à lisérés rouges de l'archiduc François-Ferdinand avec ses gants blancs et son shako à plumes. La tunique est déchirée en deux endroits et des traces de sang se voient un peu partout. Pauvre homme qui voulait la paix et beaucoup plus de libertés pour les peuples de l'Empire. Des yeux très bleus dans une figure intelligente et réfléchie. L'automobile ouverte dans laquelle on l'a tué avec sa femme est là, très laide, grotesque et tragique.

A la tombée du jour, nous allons au Friedhof, vaste et planté d'arbres très nombreux, verts et dorés comme une église d'ici, les tombes n'ont ni la vulgarité ni la laideur qu'on voit dans les cimetières d'autres pays. Je fais exception de Rome. Beethoven, Schubert, Brahms, les Strauss, Wolf, etc., toute la musique entoure Mozart dont le monument ne peut être qu'un cénotaphe. La lumière était magnifique dans ce grand parc tranquille et les corneilles volaient dans les arbres et se querellaient sur les pelouses, annonçant le froid.

A la Hofburg, les appartements impériaux. Leur richesse et leur beauté surprennent, même après Versailles. Il faut qu'un Français ait décoré les appartements de Marie-Thérèse, car leur perfection ne le cède en rien à ce que j'ai vu ailleurs. Les plafonds et le haut des murs sont recouverts d'une sorte de résille de feuillage doré dont les branches sont détachées çà et là et pendent en festons. Tout cela est de la plus grande légèreté. Dans les angles de plusieurs salles, d'admirables trophées de lances et de casques en bois doré, ornements d'une exécution si merveilleuse qu'ils suffisent aux pièces les plus vastes; les meubles, qui sont presque tous médiocres, n'ajoutent rien, encombrent plutôt, mais à notre époque, on ne comprend plus la beauté d'une pièce vide.

Dans un coin de cet immense palais, on voit un petit lit de fer, étroit et long comme un lit de séminariste, le lit de François-Joseph. A côté un pot à eau et une cuvette sur une table, et un paravent. Il y a peut-être moins d'affectation dans tout le luxe de Marie-Thérèse que dans cette monacale simplicité...

Zurich

Malgré ses pâtisseries et son grand musée, Zurich fait partie des villes peu aimables. On vous reçoit sans grâce, les horaires sont stricts et l'on comprend les étudiants en colère. Ils en ont assez d'un avenir sans imprévu; ici futur veut dire immuable.

Pour bien connaître une ville, il faut aussi la voir à l'aube et la nuit; alors, elle vous livre ses vrais trésors. Hier soir, sur une charmante petite place, près de la maison de Swingli, une fontaine formée de deux baignoires de marbre, l'une servant à l'autre de déversoir et placées en forme de T. Au milieu de la plus grande, une colonne néo-classique surmontée d'une petite Vénus du XVIe siècle. Le bruit délicieux que faisait l'eau tombant dans l'eau, dans la profondeur du silence nocturne...

Au musée des Beaux-Arts, la partie moderne en béton brut, escaliers et parois, est magnifique, les murailles reçoivent une lumière douce et on regarde chaque tableau comme s'il était seul.

Cette humeur grise où me jette Zurich me quitte dès que je sors de la ville, que ce soit pour Winterthur, Dänikon où vivent mes amis Nigg ou pour aller voir les chutes du Rhin à Schaffhouse. Là, nous sommes descendus tout en bas. L'énorme masse d'eau écumeuse semble se jeter sur vous dans un fracas d'apocalypse. Mais comment décrire ces choses? Elles parlent de Dieu dans un bruit magnifique comme un psaume rugi par les animaux de toute la création. Le bateau aborde dans le rocher qui forme une île au milieu de ce torrent et, là, on voit le monde à travers un arc-en-ciel. On est tellement dans le fracas qu'on ne l'entend plus.

Ensuite nous traversons des villages de contes de fées avec des maisons peintes au milieu de prairies et de bois, c'est le Moyen Age, l'âge qui semble avoir marqué la Suisse.

1974. Près d'Einsiedeln. Le songe du silence.

1973. Zug. Le diable dans la hotte.
Conte ou moralité?

Zug

Au milieu de la nuit. Vieille ville gothique aux maisons peintes en rouge sang-de-bœuf et en vert d'eau. Au centre d'une petite place murmure une fontaine Renaissance surmontée d'un beau lansquenet. Les rues sont noires tout autour, endormies. D'une seule fenêtre éclairée s'échappent les notes d'une cithare.

Des années plus tard, nous nous arrêtons à l'heure de midi et nous déjeunons dans le XIXe siècle, au bord du lac. Le soleil a l'air de ratisser des vaguelettes, et les quelques rares paroles entendues autour de nous dans les rues semblaient emportées aussitôt, on eût dit dans la ville d'autrefois, comme s'il existait une quatrième dimension pour le bruit. Le monde était ailleurs, plus loin, sur la route, quand on avait quitté cette cité tranquille avec ses fontaines à lansquenets bariolés et ses toits à pignons. Seule, à l'angle d'une maison, une vieillarde emportait une hotte sur son dos, et dans la hotte... le diable. Il avait beau agiter un martinet d'autrefois, là encore l'enlèvement se faisait en silence, il n'y avait pas d'eau dans les rigoles autour de la statue, et personne pour s'intéresser à cette scène familière. Sans doute Zug était-elle blasée...

Berne

Arriver ici vers la chute du jour, c'est le bon moment. Se glisser dans une ville inconnue à l'heure où la lumière hésite et s'adoucit, pas tout à fait entre chien et loup, mais un peu avant, il y a là une joie secrète : je ne sais ce que j'espère, mais j'espère beaucoup...

Après dîner, promenade dans une longue et belle rue, sans doute une des plus curieuses du monde, avec ses vieilles maisons dont les rez-de-chaussée avancent un peu comme les racines de chênes très anciens, et dont les toits ont des profils de chapeaux; et cette rue est si longue qu'elle ressemble à celles qu'on parcourt en rêve et qui ne finissent pas. Au milieu de la chaussée, de distance en distance, des fontaines à personnages Renaissance. Décor inutilisable dans un roman : trop beau. Il faudrait être Hugo ou Hawthorne.

Ce matin, flâné autour de la cathédrale. Jour de marché. Fruits, légumes, fromages, charcuterie, il y a ici une surabondance de ce qui manque si cruellement à d'autres régions du monde. Cela n'a pas l'air vrai tant il y en a. On a l'impression que ce qui est vrai, ce qui est sérieux, c'est la misère et que le bonheur qu'on voit ici a quelque chose d'illusoire.

Chaque fois que je reviens ici, les fontaines jouets me séduisent et je retrouve la même joie à déambuler sous les arcades dans cette rue où le soleil découpe les pignons sur notre gauche avec la précision d'un clair de lune. Nous sommes presque seuls, Jean, Éric et moi, à cette heure où tout le monde déjeune; parfois il faut enjamber les chiens qui dorment devant les boutiques, du côté ombreux, là où une fraîcheur de cave ferait presque frissonner.

Sur la cathédrale des échafaudages montent à l'assaut du ciel, enveloppant l'énorme masse dans cet emballage de bâches et de poutres qui met au-dessus des villes un air de Moyen Age, comme si personne n'avait vu l'œuvre finie et qu'on la cachait encore pour le premier jour de fête.

Richelieu

L'architecte de la Sorbonne construisit pour le cardinal devenu duc et pair cette *ville nouvelle,* ce qui à l'époque a dû faire crier comme de nos jours Évry ou Sarcelles, mais ici le dessin en était beau. Cependant, cela ressemble trop à un dessin, cette ville au carré, les rues se coupant à angle droit comme à Monpazier ou à Mannheim reconstruite. Les maisons se ressemblent et les hôtels de la grand-rue, tous pareils, se veulent ceux de la place Royale. Tout avait été prévu par notre cardinal, un palais de justice, des halles, un musée, et un collège baptisé l'Académie, déjà. Avant Ledoux, il voulait avoir sa ville, une ville vivant sur elle-même. Il en reste ce souvenir.

Du château démoli par la Révolution, le parc a été donné par un lointain parent du cardinal à l'université de Paris. Longues avenues de marronniers encadrant de vastes pelouses. Cette verdure magnifique fait oublier la sécheresse du plan général. Pas une surprise, pas même un tournant à ces grandes artères. Ce qu'on voit, on le voit jusqu'au bout. Aucun mystère dans ce beau parc, mais toute la majesté d'une intelligence admirable, et du charme, un charme bizarre, sans rêve, le charme de la raison. Le vent soufflait et les feuilles jaunes voletaient autour de nous pendant que les marrons tombaient à nos pieds. L'eau des canaux était aussi noire que celle de Cypress Swamp, mais jamais la Caroline du Sud ne m'a paru plus loin. J'ai trouvé amusant de songer ici aux forêts du Nouveau Monde, de même qu'à New York, l'an passé, je fermais les yeux dans ma chambre du vingt-quatrième étage, pour me figurer que j'étais au sommet du minaret de Kairouan.

Munich

Cette ville, pleine pour moi de souvenirs merveilleux, est semée de ruines. Elle me fait songer à la mémoire d'un homme qui vieillit. Ici, il y avait un palais, là, une église, maintenant des décombres. Du Residenz Theater ne restent debout que les colonnes du portique et un petit pan de mur calciné sur lequel se décolle une affiche. Au-delà c'est un terrain vague ou plutôt un terrain où on aurait entreposé soigneusement des débris. Les ruines de Munich sont affreuses. Les villes tout à coup transformées en ruines sont simplement hideuses : Hambourg, Brême, Le Havre. Il faut que les pierres tombent une à une sous l'effort du temps, que les graminées y poussent, que le soleil dore tout cela. Je ne puis rien trouver de beau dans ces grands décombres noircis dont une partie de l'Europe est aujourd'hui couverte.

De tous côtés, on travaille. Le bruit des marteaux s'entend dans toute la ville. Il a fallu que je change de chambre à cause de cela. J'admire cette volonté de renaître.

Ce matin, dans les ruines de la Glyptothèque pour voir le *Faune Barberini,* seul habitant de cet immense musée détruit. Il faut donner des coups de pied dans la porte de fer pour faire venir le gardien, mais le Faune ne sort jamais de ce sommeil enchanté qui dure depuis tant de siècles. On traverse de vastes salles à ciel ouvert et dont les murs portent la trace des flammes. Le Faune est dans un coin, sous une sorte de toit qu'on lui a fait avec des planches. Il est foudroyé par le sommeil. On ne saurait guère parler de cette statue sans tomber dans un lyrisme qui m'est étranger. La copie de Bouchardon m'a toujours paru assez ennuyeuse. C'est la statue la plus sensuelle du monde et la plus belle de toutes les statues grecques depuis les kouroi archaïques. Rien à voir avec les Apollons calamistrés et les déesses frigides et aseptisées des temps classiques. Faune de la suite de Bacchus? Je veux bien à cause des deux bosses qui s'annoncent comme de futures cornes dans les boucles du front – là encore ce ne pourraient être que les bosses marquantes de la

volupté –, mais homme surtout, naturel comme s'il avait été soudain changé en marbre, et ce marbre a la chaleur de la chair. Le large cou, les membres, les joues, la bouche, tout luit. Son abandon a beau être violent, l'esclave, ce n'est pas lui, mais l'amour qui l'a frappé en plein émoi et n'est pas parvenu à transporter ce grand corps épuisé dans les jardins du sommeil, alors l'a laissé sur place, foudroyé par ses joies secrètes. Tout autour, grand silence et grande solitude.

Je me souviens de mes visites d'avant la guerre et j'ai l'impression de me promener aujourd'hui dans un rêve singulier, comme ces personnages d'un petit romantique allemand qui croient se tromper d'heure et se trompent de siècle.

1931. Le « Faune Barberini ». Trop lourd, il resta seul dans le musée et dormit toute la guerre, protégé par des sacs de sable. Depuis, il a retrouvé sa place et poursuit le sommeil de son éternelle jeunesse.

Heidelberg

Ma chambre donne sur un jardin qui s'accroche au flanc d'une colline. Beaucoup d'arbres, de roses, de petites allées, et d'incessants appels d'oiseaux. Hier après-midi nous sommes allés nous promener le long du Neckar, près de la Karlstor. Des garçons se baignaient dans le fleuve et se séchaient ensuite au soleil. L'un d'eux l'emportait sur les autres par sa taille, sa beauté, et quelque chose de plus qui ne s'analyse pas. Un moment, et pour des raisons qui me sont demeurées obscures, beaucoup de garçons se sont précipités sur leurs vêtements, ont enfilé leur pantalon sans attendre que leur peau fût sèche et se sont sauvés à toutes jambes pendant qu'un *schupo* avançait lentement vers l'endroit d'où ils s'enfuyaient.

Le garçon que j'avais remarqué tout à l'heure se cacha alors derrière plusieurs personnes qui se groupèrent obligeamment autour de lui. N'avait-il pas le droit d'être là? Tout à coup il parut avoir honte de sa timidité, écarta les personnes qui le dissimulaient et courut plutôt qu'il ne marcha vers le schupo. Il était mince; sa peau d'un brun si foncé qu'elle prenait ici et là des reflets gris presque violets. A vrai dire son visage n'était pas aussi beau que je l'avais cru, mais la colère lui prêtait de l'éclat, les yeux noirs et brillants d'émotion, les joues maigres se colorant. Son crâne était pris dans une petite calotte noire. Il tenait au poing une longue badine qu'il agitait d'un air de menace et s'arrêta devant le schupo qui se trouvait un peu au-dessus de lui, sur le quai. Une courte altercation dont je n'ai rien saisi, mais le schupo, intimidé par tant de hargne et sentant bien que la sympathie des curieux était du côté du garçon, battit en retraite après avoir proféré quelques paroles. Notre baigneur se promena un instant sur le quai, puis traversa la place avec une assurance à laquelle sa nudité prêtait un caractère de défi, car, peut-être pour marquer sa victoire, il avait dédaigné de remettre ses vêtements. Je me suis demandé si ce n'était pas un nazi. Qui d'autre, en effet, eût osé provoquer un schupo avec cette insolence? Il ressemblait à un baigneur de Dürer, dans le *Männerbad.* Tout le

Moyen Age allemand semblait revivre en lui, observation que j'ai eu maintes fois l'occasion de faire dans ce pays. En France, c'est le XVIIIe siècle qui a le plus marqué la race, dans les villes tout au moins.

Avec un ami et sa femme au Stattgarten, après dîner. Un orchestre joue de la musique sans intérêt. Des étudiants se joignent à nous. L'un deux, assez laid du reste, fait des compliments à la jeune femme qui rit d'un rire nerveux; ils boivent dans le même verre, et tout le monde trouve cela fort amusant. Au bout d'un moment ils se lèvent et se sauvent tous les deux pour revenir un peu plus tard, beaucoup plus calmes.

Au Kurpfälziches Museum, vieille demeure baroque où nous passons une heure délicieuse. Des colonnes plates, taillées en pierre rouge dans le style corinthien, soutiennent un escalier où elles ont l'air d'attendre le passage de quelqu'un, comme des quémandeuses chez un grand seigneur. Les salons en enfilade sont décorés de bas-reliefs blancs sur fond de grisailles d'après Prud'hon. Fraîcheur et profond silence dans les salles en arrière des salons. Des fenêtres du second étage, la vue plonge dans un fouillis de verdure au centre duquel murmure un jet d'eau.

A la bibliothèque de l'université, les manuscrits des poètes disent les mêmes choses que les sous-bois; c'est là que les mots des poèmes me semblent les plus vrais, car ils se logent non plus dans la mémoire, mais dans le cœur comme ces vers d'Eichendorff :

... Dans les vallées,
Combien doux sont les murmures
De la forêt au crépuscule...

Tout aspire à son repos,
Le monde et les arbres cessent de bouger;
Craintif, le voyageur écoute,
En languissant après son foyer;
Et dans la cellule verte de la forêt,
Cœur, repose enfin, toi aussi.

Budapest

Au *Duna Palota,* sur le Franz Josef Quai, au bord du beau Danube vert, que nulle part je n'ai vu bleu, surtout pas à Wien où grisâtre et verdâtre il ne passe qu'assez loin de la ville, tumultueux et boueux. La nuit, sur la terrasse du restaurant de l'hôtel, un Tzigane vient me filer un air de violon à l'oreille pour accompagner un dessert de nouilles au sucre, tandis que le fleuve charrie les lumières de la ville.

Pest est une ville du XIXe siècle avec ses lourdes maisons à la décoration surchargée comme on en voit à Anvers, à Barcelone et quelquefois autour du parc Monceau. De l'autre côté du fleuve, large et beau comme un fleuve d'Amérique, la forteresse de Marie-Thérèse domine toute la plaine sablonneuse, et les palais de Buda, la vieille cité, ont dû être fortement remis en ordre après l'occupation turque. Ceux que les artistes italiens avaient décorés sous la Renaissance, les pachas les avaient orientalisés et les églises devinrent des mosquées. Les conquérants ont toujours pour souci d'imposer leur culte aux âmes qu'ils croient soumettre.

Le baron Hatvany m'ouvre sa collection de tableaux célèbre dans cette partie du monde. C'est un grand vieillard maigre et affable. Il y a du charme dans ses façons et même une sorte de grandeur. Sa maison est pleine de chefs-d'œuvre. *Les Lutteurs* de Courbet, toile puissante et ennuyeuse, m'a-t-il semblé. Un petit portrait-charge de Courbet par Couture : Courbet assis sur une grosse tête de sculpture classique dessine une tête de cochon; il porte une blouse rouge. Le *Suicidé* de Manet m'a frappé. Un grand bouquet de Fantin-Latour : sur un fond presque noir une branche de seringa...

Au Kiralyifurdö, un bain construit au XVIIe siècle par un padishah de vaporeuse mémoire. La lumière tombe d'un dôme aux carreaux de toutes les couleurs, ce qui produit un effet digne des *Mille et Une Nuits.* Un gros lion de bronze crache infatigablement de l'eau dans la piscine, et l'eau réverbère la lumière colorée, mais l'atténue jusqu'à en faire de la pénombre. Par moments, des corps traversent ces zones bleues ou rouges ou couleur de soleil...

Je ne veux en aucun cas décrire tout ce que j'ai vu, sinon mes voyages tourneraient au cauchemar. Cependant, j'ai remarqué qu'au cœur de chaque ville existait une petite cité, une redoute. Redoute est le mot qui convient; on entre de haute lutte, on doit y subir des assauts divers. Là, les troupes portent toutes sortes d'uniformes : éclairs et jésuites, financiers et religieuses; tous les coups sont permis – au foie, au tour de taille. A Budapest, cette redoute, c'est Gerbault. On pourrait dresser une carte d'Europe de la gourmandise, ma mémoire me souffle : « Interlaken, Florence, Zurich, Wien... Non, tu n'oublies rien, Niffeneger, Sacher, Gerbault, Sprüngli, Doney, Moehring... Et puis le grand disparu, Glop, près de la Madeleine, Glop dont le nom trop imitatif semble une trouvaille de Rabelais... »

Kairouan

Dans la grand-rue, nous étions les seuls Européens, et les Arabes ne se faisaient pas faute de cracher sur notre passage. Beaucoup de choses m'ont frappé. Au premier étage d'une petite maison, dans une salle basse, éclairée par une lucarne, un chameau fait tourner la noria; sur ses yeux, des bouchons de paille. Il passe si près de nous que nous le touchons presque. Le bruit de la noria, le pas du chameau sur la terre battue, tout cela m'a fait l'impression d'une antiquité prodigieuse, et je crois que je serais resté là une bonne partie de la journée à rêver, si j'avais pu.

Un peu plus tard, nous nous sommes assis dans une zaouia. Grande salle voûtée, d'aspect assez pauvre. Des bancs contre les murs; sur le dallage, des nattes, et au milieu de la salle d'assez beaux tapis fanés. En attendant une cérémonie qui doit avoir lieu cet après-midi, des Arabes vêtus de noir viennent s'étendre et bavarder sur les tapis. Plusieurs ont une rose entre les doigts et la respirent de temps en temps. L'un deux se roule sur le dos et joue avec son fils, un bel enfant de cinq ou six ans qu'il élève à bout de bras en le tenant au-dessus de lui.

Pour nous faire patienter, car on nous a promis que des Aîssaouas viendront croquer du verre et se transpercer de sabres sous nos yeux, on envoie un garçon chez le kaouadji voisin et nous voilà bientôt bavardant avec tout le monde, tout en buvant un délicieux café dans des tasses qui nous paraissent fort sales. Un rideau de soie s'écarte non loin de nous, et derrière une grille aux barreaux épais des filles chuchotent et rient à voix basse en nous montrant du doigt. Elles sont vêtues de noir et leurs anneaux d'or brillent dans la pénombre.

Sans doute cette scène est-elle banale; elle est ce qu'on offre d'ordinaire au touriste et je suis bien naïf de lui trouver une telle poésie, mais il m'a semblé, en l'observant, plonger dans un passé extrêmement ancien. On n'ose parler des *Mille et Une Nuits,* et pourtant c'est bien cela.

L'Arabie heureuse.
Des couleurs vives côte à côte s'adoucissent et s'éteignent.

Je crois que c'était à Kairouan, j'ai mélangé un tas de photos. Mais cette sorte d'abstraction lyrique me fait songer aux corridors d'une citadelle du désert.

Dehors, le ciel était d'un bleu qui tournait au noir. Nous sommes montés sur la terrasse de la maison pour regarder les étoiles. Je n'en ai jamais vu autant à la fois; une espèce de poussière lumineuse recouvrait tout le firmament. A l'aide d'une lorgnette, nous essayions d'en fixer une, puis une autre; elle nous apparaissait alors comme un point brillant dans un halo bleuâtre. Et plus je regardais le ciel, moins notre vie sur terre me semblait avoir d'importance, mais j'étais heureux, j'aurais voulu *tomber* dans le ciel comme on se jette à la mer.

Visite à la grande mosquée de la ville. Un affreux aveugle accompagné d'un enfant nous y a menés. La demi-obscurité, le mystère de ces longues allées de colonnes qui semblent parfaitement alignées ou plantées au hasard suivant l'angle où l'on se place pour les voir, le silence rompu seulement par la voix nasillarde d'un mendiant qui récite des prières, tout cela nous a fait une impression étrange. Sur un magnifique tapis étendu sur le pavement, nous nous sommes promenés de la porte à la chaire, examinant les beaux chapiteaux grecs qui viennent de Byzance. Des oiseaux volaient à tire-d'aile au-dessus de nous, comme entre les arbres d'une forêt.

Williamsburg

La fantaisie d'un riche a fait surgir de terre la ville du XVIIe siècle telle que les habitants de l'ancienne capitale ont pu la voir. Ce qui tombait en ruine a été patiemment restauré. Ce qui n'existait plus a été reconstruit de toutes pièces d'après les gravures du temps. A cet effet, on a fouillé les bibliothèques de l'Amérique et de l'Angleterre. Utile entre tous, un petit plan de la grand-rue qu'un voyageur français jeta sur le papier, vers la fin du XVIIIe siècle. Aucune indication n'a été négligée. On s'est penché sur de vieilles lettres et de vieux dessins et voici que nous nous promenons dans une ville qui n'a presque plus aucun rapport avec notre siècle. Mais tout n'est pas encore fini. On enlève les derniers poteaux télégraphiques et il reste encore à démolir deux ou trois jolies maisons d'avant la guerre de Sécession.

Ce qui gêne mon plaisir, c'est que je n'arrive pas à croire tout à fait à cette ville. Elle demeure le plus charmant et le plus ingénieux décor, mais c'est un décor. Je sais bien que ces vieilles maisons, toutes neuves, vont servir, servent déjà aux habitants, je ne suis pas convaincu, et c'est bien malgré moi, car je voudrais l'être. Et puis, on a poussé le souci de l'imitation au-delà de toute mesure. C'est ainsi que le porche corinthien du palais de justice n'a pas de colonnes. Le XIXe siècle lui en avait donné, le XXe siècle les lui a ôtées parce qu'on a découvert jusqu'au XVIIIe siècle il n'en avait pas, ces colonnes faites en Angleterre ayant coulé au fond de l'Atlantique avec le bateau qui les portait en Virginie. Du Capitole, il ne restait absolument rien. Pourtant il est là devant nous et l'on m'assure que pas un clou n'y manque à présent.

La salle du Conseil est admirable de proportions. Elle forme un ovale long et prend jour par de hautes fenêtres aux embrasures profondes. Au milieu de la salle, une table ovale recouverte de serge verte et entourée de chaises dont les dossiers semblent plus frêles et plus ouvragés que des peignes d'écaille espagnols. Dans la salle des assemblées publiques, la partie réservée aux membres du gouvernement était éclairée par un lustre, tandis qu'un chandelier de cuivre éclairait le public admis aux délibérations. Boiseries foncées et murs blancs. Le tout a un air de dignité prospère.

La fameuse Raleigh Tavern a été reconstituée de fond en comble. Tout y est, les plats d'étain, les pipes de terre, les tâte-vin, et, devant la grande cheminée de brique, les bergères à oreilles et les petits fauteuils triangulaires. Le bar m'a fait songer au merveilleux début de *Barnaby Rudge,* à cet espèce de paradis terrestre que devait être la Maypole Inn. Le petit salon de damas lie-de-vin porte le nom de Daphné. Dans la salle dite d'Apollon, Monsieur Jefferson a dansé. C'est une belle pièce peinte en gris-bleu. Au-dessus de la cheminée néo-grecque se lit l'inscription : *Hilaritas sapientiae et bonae vitae proles.* Longues tables, larges fauteuils. Tout parle ici de confort et même de bonheur. C'était pourtant une époque aussi troublée que la nôtre. Les signataires de la Déclaration d'indépendance couraient le risque d'être pendus, mais ils savaient rire. « Il vaut mieux dépendre les uns des autres que de se faire pendre séparément », disait l'un d'eux, Benjamin Franklin, en signant.

Un tunnel que l'on achève de creuser va escamoter les automobiles dont la présence détruirait l'illusion d'une ville du XVIIIe siècle. Quand forcera-t-on les habitants à porter perruques et paniers? C'est fait, me dit-on...

Orvieto

Je ne décrirai pas cette ville imprenable où le pape Clément VII fit creuser un puits sur toute la hauteur de la falaise volcanique pour pouvoir soutenir n'importe quel siège. Sangallo creusa deux rampes en spirales, trouées de fenêtres, qui ont l'air de se courir après, l'une montant, l'autre descendant, et l'on arrive au bord de l'eau sans fatigue. Les mulets pouvaient ainsi remonter leurs charges et quel bruit dans cet entonnoir! Un jour vert descend à travers les graminées qui ont poussé tout en haut sur le rebord.

Dans la cathédrale, la chapelle décorée par Fra Angelico, Gozzoli et Signorelli dont la superbe brutalité avait tellement déplu à Ingres qu'il avait immédiatement plié bagage pour retrouver Paris. « C'est trop laid », aurait dit ce futur membre de l'Institut. Des nus, il y en a une foule, mais c'est là peut-être le premier et le dernier cri de religion de terreur qu'ait poussé la Renaissance, car ils ne sont pas là pour troubler. Plus inquiétant que tout, le séduisant garçon magnifiquement vêtu et qui se tient avec arrogance aux pieds de l'Antéchrist, sous l'aspect d'un faux Christ. Des vieillards le sollicitent, car il est manifestement à vendre. Voilà un sermon propre à jeter l'inquiétude dans plus d'un homme de notre époque, mais chez combien n'y a-t-il pas comme un désir de racheter leur jeunesse disparue?

Dans la nécropole étrusque, au pied de la falaise où est bâtie la ville et qui est bien ce que j'ai vu de plus sinistre au monde. Les caveaux sont en grosses pierres toutes verdies par le temps. On va d'une tombe à l'autre en passant devant de grands trous noirs où l'on peut descendre car il y a des marches, mais pour rien au monde je ne m'y fusse aventuré. Rien que de se pencher sur cette nuit vous donne le vertige de l'horreur. Quelque chose ou quelqu'un est là qui survit. Il y a un labyrinthe de rues et une mousse sombre couvre les toits de ces maisons à demi enfouies. Il faut ajouter que nous étions au crépuscule d'une journée éclatante et qu'il restait juste assez de lumière à la brune pour ne pas trébucher entre ces murailles cadavériques, c'est le seul mot qui vient à l'esprit.

Orvieto. La date? J'y suis allé tant de fois! Fasciné par ce rêve de liberté. Chez Jérôme Bosch on entre au Paradis par un entonnoir de lumière.

Tarquinia

Le monde étrusque nous offre alternativement les sourires et les effrois de l'au-delà. Ici, la mort presque sensuelle, les corps voués à une beauté vivante immortelle, là, l'horreur froide du noir, des présences hostiles, le crépuscule des cités de la décomposition.

Nous allons au musée alors qu'on en ferme les portes, et, comme la ville est déserte, il a dû être bien vide tout l'après-midi, mais un gardien propose de nous montrer tout ce que nous voulons voir avec cette gentillesse italienne qui me fait chérir ce pays plus que tous les autres. Nous partons d'abord pour les tombeaux. Çà et là, dans une vaste plaine qui domine la mer, des petites cabanes dont chacune n'est qu'un toit avec une porte. Notre guide nous les ouvre l'une après l'autre et nous descendons par des escaliers dont certains sont ceux d'il y a plus de deux mille ans, et nous voilà dans une des tombes, mais, bien au contraire de celles que j'ai décrites ailleurs, elles n'ont rien de lugubre. Des peintures charmantes les décorent où prédomine le beau rouge sang-de-bœuf. Et que voit-on? Des hommes étendus sur des couches pour manger (comme dans le Nouveau Testament), servis par de gracieux jeunes gens à peu près nus. Il y a des joueurs de flûte, de cithare et de harpe qui égaient cette fête de la mort. La pornographie n'est pas absente, ou plutôt un érotisme qui veut vaincre le temps, comme dans cette tombe où des hommes se livrent au plaisir sous la menace de taureaux. Dans tout cela de la bonne humeur et l'ironie qui empêche de se scandaliser. Dans cette énorme cité de Tarquinia, on ne prenait pas la mort au sérieux. Nous voyons une dizaine de tombes, dont celles des chasseurs, jeunes gens montant à cru, ou se tenant près de gigantesques chevaux à l'élégante silhouette. Tout est raffiné, les couleurs, le dessin; tout sourit à la mort chez ce peuple étrange dont les inscriptions murales paraissent d'abord parfaitement claires, mais qu'un examen plus attentif révèle illisibles.

La ville est toute grise quand on sort de là, les rues sont larges et vides, même l'affiche décollée d'un cinéma agite ses couleurs effacées

Tarquinia. Dans cette plaine, toute une cité est enfouie sous nos pas. Des portes nous font descendre par des escaliers casse-cou, et, chez les morts, ce que l'on appelle les plaisirs d'ici-bas,...

... le lit, la table, sont peints sur les murs. Pas de lumière, les ombres sont aussi irréelles que ces peintures. Mais comment croire à la mort heureuse si l'on ne croit pas à la vie éternelle?

dans le vent. On joue *La Notte.* De Chiusi à Volterra et aux Balze qui ondulent comme si la terre était trop pleine de tombes, de la nécropole cadavérique d'Orvieto aux ruines de Bolsena, de Vulci aux hypogées souterrains de Perugia et aux maisons-tombeaux de Cerveteri, toute la terre étrusque n'a rien donné de plus joyeux que Tarquinia. Comme il y a le bonheur dans le crime, ici c'est le bonheur dans la mort. Aux banquets de la vie succèdent, on dirait sans interruption, les festins éternels.

Bagnaia

Aux portes de Viterbe, une toute petite ville du Latium avec leur charme habituel, des pampres sur des tonnelles, des jardins en terrasses qui descendent sur un ravin et les couleurs ocre et jaune fané des maisons et des arbres en octobre. Mais la moitié de la ville est occupée par la Villa Lante et ses célèbres jardins. Ici, je viens sur les pas de Montaigne dont je ne partage pas cette fois le plaisir. On a beau me dire que le palais a été dessiné par Vignola, cela ne fait qu'un palais Renaissance de plus et sans doute y eut-il au XVIIe et au XVIIIe siècle des barbares pour y apporter leurs retouches. Passons. Les fresques des pavillons... eh bien, on finit par en avoir assez des maisons à fresques et des jardins à fontaines et arbres taillés! Il faut aller assez loin dans le parc, monter des escaliers de verdure pour retrouver l'enchantement des grands arbres d'Italie et oublier que le premier jardin n'est qu'un théâtre où l'on regarde vivre la petite cité. C'était elle plutôt qui, autrefois, avait son spectacle lorsque papes et grands seigneurs venaient se reposer là, se mettant en quelque sorte en scène.

Allons plus loin. La route devient quelque peu sinistre. Est-ce le soleil automnal qui fige ainsi le paysage? Nous traversons Bomarzo comme on traverse une nécropole. A cette saison, tout est désert, car c'est en été surtout qu'on vient voir les gros monstres de pierre qu'un Orsini borgne et laid fit faire par des prisonniers turcs après la victoire de Lépante, pour se venger d'avance d'une infidélité possible de sa femme et la faire accoucher d'un monstre. Il ne la lâchait que dans son parc, aux dernières heures du jour. Aussi elle accoucha et mourut. C'est la fameuse joie de nuire dont parlait Freud.

Le château des Orsini, grosse forteresse orgueilleuse, domine ce parc enchanteur et maléfique, mais dont les monstres ne feraient plus peur à un bébé. Ici un géant déchire en deux un homme en lui écartant les jambes, ailleurs une énorme tête ouvre une gueule qui se veut l'entrée de l'enfer. On voit au fond de la bouche une table de pierre sur laquelle on étendait, jadis, une nappe rouge, à la tombée

Bomarzo. La maison de travers, cauchemar de l'architecte.

1918-1978... Il s'est trouvé que je suis venu de nombreuses fois à Bomarzo. « Vous qui entrez, ne laissez pas les reliefs de votre pique-nique, prego!» →

OGNI PENSIERO VOLA

du jour, et au-dessus de laquelle soupaient les serviteurs du duc déguisés en démons, quand sa chère femme prenait le frais. Tout cela est enfantin. La nature est merveilleuse tout autour, mais, pour faire peur, il aurait fallu réduire ces statues à la taille humaine. Une charmante petite maison construite de travers vous donne le sentiment quand on y entre que le monde dehors se met à tanguer. Une tête au ras de l'herbe, coiffée d'une boule d'un jeu compliqué, semble attendre les ébats des personnages d'*Alice*, Tweedledum ou Humpty-Dumpty. Plus loin un banc abrité sous les feuillages, près d'une vue magnifique : ici pas de monstres et pas de touristes, j'allais dire c'est la même chose.

Saint-Petersburg

Au soleil couchant je me suis promené au bord du golfe du Mexique. Le ciel vert pâle était éclaboussé de feu. A mes pieds de petites vagues tranquilles, couleur de flamme et de turquoise.

Saint-Petersburg est une des villes des États-Unis où il pleut le moins et où il meurt le plus de gens. Tout ce qu'il y a de vieux et de riche vient s'éteindre ici, sous le plus beau ciel du monde. Trois ou quatre jours dans un bon hôtel coûtent aussi cher qu'un enterrement modeste à Paris. Dans un magasin pour touristes, on m'a offert deux minuscules alligators pour un dollar. Certains hôtels sont des mouroirs élégants. Ce sont en quelque sorte des hôpitaux déguisés pour milliardaires; de la musique douce est diffusée dans les chambres où l'on s'éteint, sans doute pour rendre plus discrets les bruits dérangeants de la mort.

A Orlando. Cette autre petite ville de Floride n'est pas belle, mais elle a ceci qui la transforme à mes yeux d'une manière féerique : elle est entourée de trente-sept lacs d'où s'élève une brume qui s'accroche à des rangées de chênes. Ces arbres fantomatiques prêtent une majesté extraordinaire aux avenues les plus banales.

Kitzbühel

Logé dans un petit château qui a gardé tout le charme d'une demeure du Moyen Age restaurée au XVIIe siècle. Grandes chambres aux murs peints à la chaux et ornés de portraits d'ancêtres : électeurs à tête de poivrots en robes écarlates, cardinaux à face de grigous, lourdes armoires flamandes reposant sur des boules, peu de lumière, mais une jolie vue par des fenêtres aux embrasures si profondes qu'on peut s'y asseoir et se figurer qu'on vit dans des temps très anciens... Le matin, messe aux Capucins, dans une église glaciale; les assistants arrivent les mains jointes comme des donateurs dans un tableau de Primitif. Dans la rue, un gros homme d'une cinquantaine d'années, longue barbe sur la poitrine, longue chevelure dans le dos, des lunettes, une culotte courte, des bas blancs, des souliers à boucle d'argent, chante, non, jodle.

A midi, à deux mille mètres. La montagne neigeuse, la lumière aveuglante, les skieurs, tout cela m'est un peu étranger. Je suis l'homme des plaines et des forêts. La lumière de midi écrase tout le paysage, efface les montagnes qui ne sont plus qu'une ligne sur le ciel. J'aspire au crépuscule quand la neige éclairera nos pas par elle-même de cette réverbération douce qui met une joie d'enfant dans nos cœurs. Alors la petite ville triste en plein jour redeviendra aussie gaie qu'un sapin de Noël avec sa guirlande de boutiques illuminées et ses maisons aux volets striés de rouge et de vert comme des présents dans leur papier de neige.

La chambre où je dors est très belle la nuit, quand la lumière de la lune passe à travers les rideaux. Elle devient alors très grande et très mystérieuse sans pour cela être effrayante. Tant de gens y ont vécu... Il y flotte beaucoup de souvenirs. Que de pensées d'amour et de mort, que de désirs, de calculs, de rêves, de prières... Le plancher est tout blanc, les murs blancs aussi.

Si j'étais la *gräfin* d'ici, ayant transformé mon château en pension, j'aurais déménagé mes ancêtres. Il y en a un pourtant, dans la salle à manger, qui m'intrigue. Longue figure attentive qui vous regarde du milieu d'un buisson de cheveux poudrés. Il porte la Toison d'or, a l'air grave, les joues plates, une belle bouche, de grands yeux qui ne sourient pas.

L'été, Kitzbühel retrouve ses prairies, les odeurs enivrantes du foin, des gentianes et des stères de bois, les troncs renversés qui servent d'abreuvoirs, l'ombre descendue d'un coup des hauteurs avec la mélancolie silencieuse de la montagne, tout ce qu'escamote le magicien Hiver.

Merano

Au bain public où je suis resté deux heures à rêver. Au-dessus des cabines, une montagne violette coiffée d'un gros bonnet de nuages blancs. En voyant tous ces corps si heureux de courir et paresser au soleil, j'ai été frappé une fois de plus par ce qu'il y a de chaste dans la nudité, et, par un détour, j'en suis revenu à la question irritante du corps et de l'âme. On entend parler du corps *et* de l'âme, comme si le corps était le contenant et l'âme le contenu, comme si les deux pouvaient à plaisir se séparer, se distinguer, alors que le plus souvent, ils se mêlent, un peu comme, dans la boue, se confondent l'eau et la terre. Entre les deux, nulle frontière sensible, nulle frontière en tout cas qui ne soit violée à chaque minute comme si elle n'était pas. On atteint l'âme par le corps et le corps par l'âme, c'est tout le drame de la condition humaine et qui fait de nous des êtres si profondément mystérieux.

Visite du château des Princes qui date du XVIe siècle. Entouré jadis de fossés et de jardins, il est pris dans la cour d'une triste caserne. C'est un château de poche, avec de jolis toits de tuile, aussi gothique que possible. On sonne à une haute porte dans laquelle s'ouvre une porte beaucoup plus petite qui fait songer à une chatière. Le gardien, vieillard en culotte courte, nous fait voir une pièce après l'autre et nous affirme que son castelletto est en réalité fort important. C'est un nain sorti des contes d'Hoffmann; il sautille sur place, explique tout dans un italien nasillard. Les salles qu'il nous montre sont d'une mélancolie insupportable et la lumière y entre comme à regret, jetant une tache sur le dallage de brique, de même qu'on jette un sou à un pauvre. La chambre à coucher et son vaste lit paysan où Maximilien dormait avec Bianca Sforza; un cabinet de musique, luths et violes tout noircis par les siècles, posés à terre contre les murs; une autre pièce où l'on jouait aux échecs; une cuisine fort étroite avec une rangée de chandeliers rouillés sur le rebord d'une fenêtre; partout, de minuscules fenêtres enfoncées dans les grosses murailles; une chapelle exquise par où l'âme devait quelquefois s'échapper. On a l'impression que la mort et la neurasthénie se promènent de pièce en pièce, en robes à traîne.

A un moment, notre guide tire de sa poche un ample mouchoir, l'ouvre avec soin, sans hâte, y enfouit son nez et fait entendre tout à coup une note suraiguë qui réveille les échos de ce lieu sinistre. Puis la visite reprend, car il y a encore beaucoup de choses à voir. Avant de le quitter, je lui dis quelques mots en allemand et sa figure s'épanouit. D'une langue beaucoup plus déliée, il me parle avec indignation des fascistes imbéciles qui ont décapité la statue de la Kaiserin Elisabeth dans le jardin d'été.

Le torrent, le Passerio, fait tant de bruit que j'ai cru d'abord ne pouvoir jamais m'accommoder de cette grande rumeur qui me réveillait à l'aube et où je pensais entendre des cris, mais je m'habitue au perpétuel froissement de ces eaux vertes à broderies blanches.

J'ai pour Merano une tendresse particulière, mais je n'y reviens pas, même par le souvenir, sans tristesse; les vignes en guirlandes, les vergers, les promenades le long du torrent, tout me parle dans cette vallée heureuse de ce qui ne reviendra jamais, jamais...

Copenhague

Dans une chambre d'hôtel meublée à l'ancienne mode, avec une portière de velours olive et une table couverte d'un tapis sur lequel on a versé de l'encre. La cour est sombre et sonore; de quart d'heure en quart d'heure, le beffroi de l'hôtel de ville y jette le bruit de son carillon. Je suis à Copenhague.

Dans la vieille forêt près de Copenhague, à condition de rester immobile, on finit par voir des daims et des cerfs qui s'approchent timidement, par petits groupes, entre des chênes vénérables. Ils dressent le cou en me voyant, remuent une oreille et, pris d'un doute, s'éloignent dans un grand bruit de branches cassées. J'avais glissé le livre de Job dans ma poche, mais c'est *As you like it* que j'aurais dû prendre, car ce décor appelle invinciblement des vers de Shakespeare. Cet amour des forêts, de la solitude dans une forêt, il me semble que je l'ai porté en moi depuis ma plus petite enfance. D'aussi loin que je puisse me souvenir j'ai aimé la présence des arbres et le bruit du vent dans le feuillage. Ce n'est ni au bord de la mer, ni dans la montagne que j'ai vraiment connu la paix, mais dans les bois. J'ai toujours aimé les villes dans les forêts.

Très frappé par la collection étrusque de la Glyptothèque. Belles statues funéraires et copies de peintures. Elles nous montrent une race forte et cynique, sûre d'elle-même et n'ayant d'illusions, sans doute, que sur ses *chances de durée*; elle donne l'impression de s'être crue installée à jamais en Italie. Pas de mystère dans ses visages qui ne parlent que de gourmandise repue, de calculs, d'audace, de férocité parfois et souvent d'une intelligence courte, mais vigoureuse. Leur gros yeux semblent ne rien voir dans l'au-delà. Pas de rêve, pas de trace de cette incertitude qui grandit l'homme et le met en danger. C'étaient des commerçants et des soldats, d'excellents artistes à la manière de Picasso. Leurs grosses femmes qui tiennent deux, trois ou quatre enfants sur leurs genoux comme des pains de quatre livres, leurs banquiers au sourire roublard, leurs jeunes cavaliers avantageux, cela fait une civilisation bornée, mais solide;

pourtant elle n'a pas duré. Ils nous auraient trouvés bien mous avec nos sentiments humanitaires et nos velléités de tendresse...

A Tivoli. Une foule énorme rit et applaudit, massée devant une scène où des acrobates font leur numéro. L'un deux se tient debout sur une barre de fer, à quinze mètres du sol, et dans cette position se déshabille – un instant il reste nu, habillé par la lumière éblouissante des projecteurs – puis se rhabille. Le spectacle terminé, la foule se rue vers un autre théâtre en plein air où l'on joue des scènes de music-hall. Je n'ai vu en aucun pays une si profonde insouciance de l'heure. C'est ce qui frappe le plus ici.

J'ai un petit appartement dans le Sankt Annae Gade. Il y a une terrasse d'où je vois le clocher de l'église dite de Notre-Sauveur; j'en suis même si près qu'il semble qu'en allongeant le bras on puisse le toucher du doigt. Un escalier en tire-bouchon s'enroule autour de la pointe de pierre. Quand l'architecte eut fini son œuvre, il s'aperçut que cet escalier s'enroulait à contresens. Grimpant alors toutes ces marches, il arriva tout en haut, et se jeta dans le vide.

La maison où Kierkegaard vécut de 1813 à 1848 a été démolie au début du siècle. A sa place s'élève une banque. Qu'on ne crie pas trop tôt au vandalisme. La maison de Pascal à Clermont-Ferrand a disparu en 1923, sans raison valable, m'affirme quelqu'un qui est de cette ville.

Ce qu'on appelle ici une *party*. On est huit ou dix et pendant deux heures on parle au salon. On boit aussi, naturellement tous ensemble, tous au même moment. *Skaal!* Vers onze heures du soir, on passe à la salle à manger. Une longue table avec, aux deux bouts, de lourds bougeoirs de cuivre ou d'argent entre lesquels sont placés des monceaux de pâtisseries. Un thé excellent est servi. La conversation se poursuit, faite, me semble-t-il, uniquement de papotages. On rit beaucoup. Après quoi, on se lève de table. *«Tak for mal!»* («Merci pour le repas!») Un vieux monsieur se met au piano et chante des chansons de marins suédois. Regardé par la fenêtre les jolies maisons de Nyhavn, vertes, rouges, noires. Telles qu'Andersen les a vues, qui habitait là. Derrière moi continue le bavardage dans cette langue qui a l'air d'avoir trop bu et d'avoir mal au cœur.

1979. Au large de la Norvège, entre les îles. Des strates de couleurs comme dans une agate : l'eau, la terre et le ciel.

Tromsoe

L'immense pont moderne jeté comme un peigne sur le détroit sépare l'île assez basse où est bâtie Tromsoe des îles montagneuses tout autour. Soixante-dix degrés latitude nord, au-delà du cercle polaire. A la même latitude le Groenland et l'Alaska offrent au soleil de minuit leurs côtes déchiquetées et glacées, mais à Tromsoe, en juin, l'astre rouge qui se cache à peine derrière les montagnes fait que la nuit n'existe pas. Quelques instants d'ombre rose ne ralentissent pas l'agitation joyeuse des rues. Les nuits d'été, le sommeil devient une sieste. On est constamment sous les feux d'un projecteur qui s'amuse à varier son intensité et je crois que les fleurs doivent s'inquiéter de ce qui leur arrive sous ce climat où leurs couleurs sont plus gaies que partout ailleurs. Est-ce l'influence du Gulf Stream qui remonte toute la côte de Norvège? Un instant, tout est couleur chair, les façades, les visages, les bouleaux argentés.

Des maisons de bois partout comme en Amérique ou dans un roman de Tourgueniev; beaucoup de magasins, de librairies où l'on trouve tous les livres d'art que l'on veut. La cathédrale est de bois peint dans une teinte saumonée, à moins que ce ne soit le reflet d'un soleil rasant. La beauté de la race est frappante. Joues roses, cheveux d'or pâle ou châtain surtout, physique d'une perfection achevée. Ici la beauté humaine des deux sexes est en accord avec une nature qui tient du rêve et ne le cède à aucun autre pays au monde. Assis dans un square avec Éric qui ne voudrait plus rentrer. Des bancs jaune d'œuf, car il faut des couleurs vives partout apparemment. Des enfants courent et rient autour de nous et partout cette musique qu'est la langue norvégienne. Et les moineaux autour des bancs publics sont des mouettes querelleuses faisant autant de bruit que les enfants. Nous allons acheter de la musique, des quatuors de Sinding, et tout se passe dans des sourires, tout s'explique dans des sourires.

Sur une place dominant le port, autour d'une fontaine à jet d'eau, un groupe de jeunes gens s'est assis sur l'herbe. L'un d'eux fait le poirier et dans cette position continue à discuter avec les autres. Puis

1979. Tromsoe. Le pont, peigne de géant tombé entre deux îles.

1979. Vers le cercle polaire. →

un autre veut à son tour faire l'acrobate et marcher sur les mains, mais il est passablement éméché et retombe sans cesse. Enfin ses compagnons le prennent par les épaules et les pieds, et en route... vers un pub. C'est, paraît-il, le seul qu'il y ait en Norvège.

Le soleil redevient jaune comme partout dans le monde, mais les couleurs ne s'atténuent pas pour autant, et le pont sur ce que j'appellerais un bras de mer, et sous lequel les gros bateaux ont l'air bien petits, sort de sa pénombre cendreuse pour faire admirer à la lumière sa grande ligne pure.

1979. Vers le Pôle. Le froid soleil de minuit.

Florence

Sous ce nom d'une douceur féminine, elle cache une âme de condottiere. C'est ce qui explique ce quelque chose d'indéfinissable qui ne se sent qu'à la longue, une certaine hauteur peut-être. Je l'ai vue trop souvent pour me laisser intimider, sous le ciel de ma jeunesse et sous celui non moins beau d'aujourd'hui.

A chaque visite, le voyageur abandonne derrière lui un fantôme de lui-même qu'il retrouve à la fois suivante, compagnon fidèle, à la mémoire impitoyable. Il se retrouve bien, mais c'est elle qu'il ne retrouve pas. L'Arno a beau couler avec une application maniaque entre ses rives, la ville d'hier s'est évanouie. Différente? Non, autre. Il y rêve agréablement. Cela fait des fantômes de voyageur se promenant dans ses villes fantômes. Mais allons tout simplement regarder Florence qui est une des plus belles villes à la surface de la terre, une des moins amènes aussi.

N'écoutant guère que mon instinct, je suis en révolte contre les guides. Je ne souffre pas qu'on me dise : « Arrêtez-vous ici, admirez cela! », je veux préserver toutes les joies de la surprise totale et découvrir par moi-même mon Dôme, mon Baptistère, mes palais Pitti. Une casquette galonnée et un trousseau de clefs suffisent à me faire fuir. Un rassemblement polyglotte de visiteurs à une porte... horreur, je disparais.

Quelle que soit la saison qui me rend Florence, les premières heures sont toujours pour San Marco. Le grand cèdre au milieu du cloître répand sa paix et son silence ombreux sur les toits roses. Dans les petites cellules vides, au premier étage, Fra Angelico a peint pour ses frères les scènes qui pouvaient selon le tempérament le mieux exalter ou apaiser le cœur. On fait le tour de ces pièces étroites où le corps a tout juste la place de se mouvoir, mais la paroi s'ouvre et l'infini entre. « Ouvrez le mur sur l'infini. Oubliez les abominations du réfectoire, soupes, panades, les heures de doute, l'appel du monde, l'horreur de la vie en commun... Oubliez vos dévotions mécaniques et regardez! » Voilà ce que dit Fra Angelico. Ce qu'il a vu, il vous le donne : l'ange de l'Annonciation comme une fleur parme et or, le Christ aux outrages où les symboles (la main qui frappe, la bouche au crachat, le bâton qui enfonce la couronne d'infamie) font une sorte de ronde de l'invisible sur le vert de la tenture, alors que le Christ avec son bandeau blanc sur les yeux reste toujours le seul vrai vivant. De cellule en cellule, les images nous accompagnent. Voici le jardin du *Noli-me-tangere* avec sa barrière à l'anglaise sous le ciel le plus délicat du monde, quintessence de l'azur mystique...

Plus dépouillée que les autres, la cellule du prieur avec son vestibule exigu où le portrait de Savonarole nous attend. Profil de condottiere à la Gattamelata, et des yeux tragiques, de grands yeux profonds et bruns comme ceux de Spinoza, dans lesquels demeure une vision des bûchers où lui-même finira par périr. La pièce toute en bois résonne comme un violon, et sur une tablette sombre des livres en caractères minuscules, non comme s'ils voulaient cacher leur science aux yeux du vulgaire, mais tout simplement parce qu'on avait une bonne vision à cette époque-là.

En bas, dans le réfectoire, nous retombons sur terre : la grande machine de Ghirlandaio, une Cène genre tableau animé, exhibe son savoir-faire, et la quantité d'espace peint ne cache pas une *absence* magistrale, alors que la moindre fresque de Fra Angelico est illuminée par une douce présence et que les couleurs en sont si fraîches qu'on peut croire le moine juste sorti rincer ses pinceaux.

De là, aller à l'Accademia est presque une gageure. Je n'ai jamais compris l'admiration suscitée par le David. Il est assez laid avec sa grosse tête, ses bras simiesques et les veines de ses mains ressortant comme celles d'un boucher dans la force de l'âge, alors que les adolescents ont de belles mains. Voilà un musée où l'envie de partir me saisit presque aussitôt.

En passant, la façade XIXe finissant du Duomo se cache, et elle a raison, sous des échafaudages. Tout près, presque à ses pieds, un bâtiment octogonal, le Baptistère. Là, plus distinctement qu'autre part, bat le cœur de Florence. J'entre et tout d'abord je ne vois presque rien, mais aussitôt je ressens la paix de l'église romane, celle des églises de village, ses sœurs du grand siècle, je veux dire le XIIe. C'est sa sérénité, sa foi tranquille et un peu massive. Tout cela, je le respire en tâtonnant dans la pénombre, et puis, levant les yeux, je découvre un ciel nocturne, la voûte étoilée de mosaïques byzantines où le Christ en robe rouge sombre trône dans la splendeur terrible du

1976. Florence. En Italie, tout est beauté.

Jugement dernier. Pour ces quelques instants hors du monde que Florence m'a donnés là, je la tiendrais quitte de tout le reste si je devais partir sans avoir rien vu de ses palais et de ses jardins.

Avec des détours – mais Florence n'est pas une ville où l'on ait envie d'aller en ligne droite, toujours un de ces palais féroces aux grosses pierres carrées vous attend et vous piège –, et par des rues qui ont l'air teintes, j'arrive devant quoi? Eh bien, devant David qui dresse ici encore, sur la place de la Signoria, comme une obsession de touriste, ses membres et sa tête énorme de petit frère de Goliath. Sans doute le modèle n'avait-il rien de plaisant, Michel-Ange admirait pourtant la beauté masculine, les Esclaves sont là pour en témoigner et les jeunes colosses qu'il a jetés au plafond de la Sixtine. Et s'il a voulu représenter l'idée de la liberté florentine, c'est une liberté bien peu exaltante qu'il a choisie, alors que le David de Donatello, jeune et vrai, traîne toutes les idées de liberté après soi.

A mon sens, la plupart des autres statues qui ornent la place sont à oublier, mais, dans la Loggia dei Lanzi, le *Persée* de Cellini, magnifique de grâce et de juvénilité, est digne de peupler à lui seul tout cet espace sévère. Persée rayonnant efface le bric-à-brac des hommes barbus et casqués qui enlèvent des corps de femmes ou emportent des guerriers expirant, les uns et les autres se tordant dans des attitudes artistes! Que ce soient des copies antiques et des Jean de Bologne n'excuse pas la convention. On me trouvera difficile. Oui, pour Florence. Ici, où il y a le plus beau, j'aimerais qu'il n'y ait que le plus beau. Les Italiens, avec leur sens de la beauté de l'espace et du vide, devraient remiser ces abominations artistiques ou les laisser à d'autres peuples. Le palais de la Signoria, de ses créneaux en queue-d'aronde et de son immense tour intimidante, n'a pas besoin de voir ces petits riens figés à ses pieds. La place sans ornements serait plus belle encore, avec marqué sur les pavés l'endroit où brûla Savonarole, là où comme beaucoup d'Anglais je viens chaque fois déposer un bouquet de violettes. Florence vivant des années dans l'exaltation religieuse nous ramène à notre siècle et aux excès des fanatiques en tout genre, et Botticelli renonçant à la beauté de ses anges pour qu'elle ne provoquât plus le trouble, de quelles craintes et de quels remords toujours actuels émergea-t-il? La prédication du dominicain avait porté ses fruits dans le cœur de cet Italien incomparable dont aujourd'hui encore on voit les modèles dans les rues, car le genre Botticelli promène toujours sa mélancolie hautaine et ses beaux regards tristes dans des visages sans une ombre ni une ride, et on le voit jusque dans les ruelles d'Oxford. Il y avait dans la jeunesse forcenée qui suivait Savonarole un désir de feu – le feu brûlant le désir – et sans doute y a-t-il les mêmes élans, sous tous les cieux et à toutes les époques, à cet âge dit *tendre*. J'ai connu cela.

Mais, presque au pied du palais, l'inscription disant que c'est ici que Savonarole fut réduit en cendres avec ses deux compagnons me remet à l'esprit les scènes de l'Histoire (des fragments de récits, des dessins repassent sous mes yeux) : l'assaut des *arrabiati* (les enragés) saccageant San Marco, son prieur molesté dans sa bibliothèque, la racaille portant la main sur un être d'exception dans un endroit studieux et tranquille, puis Savonarole traîné à la Signoria et là, enfermé à l'Alberghettino, ironiquement la *petite auberge* où l'on passait les condamnés à la torture et où ils entendaient vibrer au-dessus de leur prison la grosse cloche de la tour quand les guetteurs veillaient sur Florence, puis les chemins de bois descendant de la haute tribune du milieu de la façade jusqu'au cœur de la foule colorée, où le 23 mai 1498 brûlèrent ces trois fleurs de feu sombre.

Sur les marches de la Loggia des jeunes gens dorment, chapeau sur le nez et en jeans, comme dans un western à l'italienne, ces amusants westerns-spaghettis, et comme toujours les Italiens ont l'air d'être placés de la manière qu'il faut juste à l'endroit où il faut. J'ai toujours admiré ce désordre plein de grâce; dans les halls d'hôtels, dans un jardin, à la terrasse d'un café, on reconnaît les Italiens à leur façon de se disposer *naturellement*, comme si l'œil d'un peintre imaginaire les arrangeait. Les voix italiennes ont, elles aussi, ce charme qui fait chanter les rues à la fin de la journée – et toute la nuit, hélas! – et que j'ai remarqué partout, à Côme, à Bologne aussi bien que dans le Sud ou à Sienne, sauf peut-être à Florence où domine une sorte de retenue orgueilleuse. Les rires eux-mêmes, ici, ont un ton plus guerrier, la langue est plus pure, certes, mais la douceur a été rudoyée et se garde de paraître. On descend d'une race de marchands, les mots ont leur valeur! Et cependant où trouver plus de rêve que chez les artistes qui sont venus d'ici, qui sont nés ici, et qui ont parcouru tous les horizons de la création humaine ici? Peintres, architectes, sculpteurs, poètes, Florence a été prodigue de génies. Il est impossible de les citer sans écrire une histoire de l'art, mais sur tous plane l'aigle royal de la poésie, Dante. Ce fils qu'elle chassa et qui mourut en exil chez des étrangers, là-bas, à Ravenne, lui aura posé sur le front sa plus belle couronne, aussi immortelle que celle de ses tours.

Dans le palais, le Studiolo de François de Médicis n'est qu'un temple du maniérisme et fait partie du décor de la ville, on en garde une impression de joliesse et on va déjeuner de l'autre côté de la place. Hélas! Les années changent tout. Que reste-t-il de Cavallino? De nouvelles salles sont venues agrémenter le vieux Cavallino, intime, aux murs cachés de haut en bas sous des croûtes plaisantes et quelques beaux dessins. On pouvait à peine se glisser à l'entrée entre la table croulante de fruits et celle aux jambons, comme au Dodici Apostoli à Vérone, et comme à Vérone, c'est du passé.

La même aventure m'arrive chez Doney dont les fauteuils de peluche rouge ont disparu pour des sièges plus modernes, changeant pour ainsi dire le goût des pâtisseries, car, si les formes et les couleurs des gâteaux annoncent ce qu'on va trouver dans leurs flancs, si c'est dans la traversée de leurs apparences que réside une des joies du goût, il faut y ajouter le décor. Les gâteaux de Doney étaient réputés; Ruskin, Pater, D.H. Lawrence, et sans doute Landor, Henry James et bien d'autres sont venus là, rêver dans la pénombre de l'autre siècle; on entrait dans un coffret précieux où les bijoux se mangeaient et voilà que Doney se banalise. On y voiture vers vous des trolleys comme dans un quelconque Harry's Bar. Il ne faut jamais compter sur certains souvenirs.

En sortant, via Tornabuoni, dans n'importe quelle direction que vous alliez, de nouveau des palais excitent la curiosité, et le plus proche, le plus hérissé de pierres en forme de diamants, le palais Strozzi est massif, austère, agressif et de grande allure, florentin en somme jusqu'au haut de ses escaliers et de sa corniche à la romaine. Même ses lanternes ont des griffes. Dans les rues étroites, il faut sans cesse prendre garde, les voitures vous frôlent avec l'agilité de poissons, mais c'est une des vertus italiennes de conduire dangereusement bien.

Après l'inondation de 1966, la cité traversa une année de stupeur. On réparait. Les corps de métiers – chaque corporation a ses armes dont elle est aussi fière que Sienne de ses quartiers – retrouvaient l'agitation des époques où on ne travaillait que pour la cité. La ville gardait un aspect noir, malgré les après-midis printaniers; quelque chose de sombrement décidé sourdait de Florence et le moindre nuage blanc s'accrochait à la moindre tour comme autrefois les bannières belliqueuses à l'époque des conquêtes. Et l'on reconquit la beauté que le fleuve de boue jaune et noir avait voulu ravir.

Ce fut un de ces jours-là que je retournai au Carmine, dans la

Florence de l'autre rive, par ces petites rues où brillent sous une lumière électrique un peu triste des boutiques de verreries et de linges damassés et des fabriques de chaussures ou d'objets de bois, tout cela entrevu en passant dans des lueurs de fin du jour. Sur le pont Santa Trinità, le couchant brûlait l'Arno d'une coulée de lave et, aux extrémités du pont, les statues luisaient d'un orange foncé d'Indiennes. La chapelle Brancacci est recouverte de fresques, on est à l'intérieur d'une boîte décorée, mais là s'arrête toute comparaison, il n'y a pas la moindre parcelle que l'œil pût oublier. Masaccio et Masolino ont rendu à tous les plafonds des palais et des églises, leurs apothéoses et leurs gloires, bien artificielles, et même les murs de la chapelle des Médicis, où la chevauchée florentine des *Rois Mages* de Gozzoli ressemble à un défilé de costumes. Ici, nous sommes dans un moment où la peinture crie sa vérité et ne pense plus à plaire. Elle fait un bond dans l'avenir. La couleur est son propre clair-obscur et dans tous les registres, modelé des corps, disposition des personnages, intensité dramatique, simplification des plans, vérité de l'espace et de l'émotion, la souveraineté de Masaccio défie les lois de l'époque tant il est vrai que le génie dépasse d'emblée toutes les règles. Dehors, sous les lumières nocturnes, Florence se met à ressembler à ce que nous venons de voir, comme il fallait s'y attendre, mais enfin, ici, *l'art* imite l'art.

Une ville me fait toujours penser à l'intérieur de ces tombeaux où on accumulait les richesses des morts, égyptiens, étrusques, wisigoths, trésors des Atrides; sous terre, les ombres avides gardaient l'or fugitif et ce que leurs dents ne pouvaient plus mâcher. Florence singulièrement est l'une de ces tombes si l'on songe à tous les palais qui engrangent des trésors. Plafonds et stucatures, salles de bal sombres et dorées, où plusieurs mondes ont dansé, qui ont vu assassinats d'amour et intrigues politiques – ou le contraire –, galeries remplies d'œuvres d'art qui eurent leur instant de vogue, la nuit du temps a tout embué de son haleine, mais je ne connais guère de plus grande concentration de rêves défunts et de passions évanouies. De là l'atmosphère particulière de Florence où les fantômes marchent sous vos yeux en plein soleil. Ainsi ce dimanche matin, vide, le long de l'Arno, sur le quai désert, dans une lumière de fin d'été, ni un bruit ni un souffle d'air, les façades sont éclairées pleins feux par le soleil comme au théâtre et tout est écrasé, on marche dans une ville sans ombre, ce qui finit par mettre mal à l'aise. Nous entrons dans un restaurant désert, mais il est midi à peine et les tables couvertes de nappes ont l'air de personnes surprises en train de s'habiller. Personne ne viendra troubler notre déjeuner. Le *bistecca alla fiorentina*, où la viande est incomparable, arrosé de jus de citron, et des champignons grillés, comme si on mettait la forêt dans notre assiette. L'après-midi s'annonce à peine que nous sommes dehors; il est encore trop tôt pour nous rendre aux Offices, où cette fois on doit nous ouvrir le corridor de Vasari. Florence est toujours vide. Une boutique de marbres, le long du quai, est ouverte : entrons. Et une étrange visite commence, dans un magasin tout en profondeur que le marbre seul éclaire, il y a là des vasques, des colonnes, des copies de toutes tailles et dans le fond les plus grandes, des statues un peu au-dessus de la taille normale, debout, inquiétantes, répandant la lueur maladive des marbres transparents, et plusieurs fois je me surprends à me retourner comme si elles avaient bougé. J'imagine Hawthorne ici, puisqu'il a passé des mois à Florence, ou bien Shelley, toujours avide de sensations exquises comme on le dit d'une douleur. Le marchand est assis à une table en marqueterie de marbre, les pieds sur un chien de marbre, et lit sans faire attention à nous, semble-t-il, un journal de sport. Mais les feuilles ne bougent pas. Seraient-elles de marbre?

Dans l'interminable corridor de Vasari qui longe l'Arno, dans une lumière de contrejour passant à travers de petites fenêtres grillagées, toute la peinture nous regarde. Ce n'est pas comme à Londres, à la National Portrait Gallery, les visages célèbres de la nation, c'est l'internationale de l'art, des autoportraits, certains inattendus. Mais il y a chez les peintres un désir évident d'amour qui d'abord se retourne vers le narcissisme primaire, celui de décrire l'inconnu du miroir, de leur miroir. Au passage, des regards furieusement présents dévisagent les vains passants que nous sommes pour ces ombres de l'éternité. Le bonnet mis de travers sur la tête de Honthorst, le bonnet rond et l'air ahuri de Filippo Lippi, les yeux hallucinés de Furini, l'air d'élégante un peu louche d'« il Baciccia », Liotard avec son chapeau turc et le bonnet de velours noir qui coiffe Reynolds comme Rembrandt ou Rubens, aujourd'hui ce sont les accessoires qui m'ont frappé, car il y avait trop de choses à voir et on a l'impression de passer un examen devant tous ces visages attentifs, l'examen de passage pour l'au-delà. Et je resonge, quand nous tournons dans le corridor au-dessus des maisons du Ponte Vecchio, corridor qui n'en finit pas, à l'un des visages les plus saisissants, sous le chiffon blanchâtre qui le coiffe, Crespi, les lèvres serrées et plongeant sur notre monde des yeux de visionnaire. Par les fenêtres du milieu au-dessus du pont, nous avons soudain une vue plus large. Les eaux du fleuve réfléchissent les deux rives de façon si précise, mais légèrement sombre, qu'on pourrait croire que les palais et les maisons inversés sont ceux d'une cité de l'ombre et que de là vont surgir les contemporains de Dante. Le corridor n'en finit pas, on nous ouvre des portes, nous voilà de l'autre côté dans la Florence du palais Pitti.

Dans les jardins Boboli, d'interminables charmilles de lumière verte, le soleil pleut par moments entre les feuilles quand il peut y entrer. Il y a une fantaisie désorganisée, comme s'il manquait quelqu'un pour unir tous ces fragments de fête abandonnés à la nature, mais c'est ce que j'aime : voir subitement un cheval de marbre se cabrer au haut d'une pelouse d'herbe folle, et des statues verdies qui vous attendent à l'improviste dans des recoins comme des Gitanes pour vous dire la bonne aventure. Et cela monte dans tous les sens, puis tout à coup, au-dessus d'une palissade qui barre les communs du palais Pitti qu'on répare, le dôme de la cathédrale offre son orange brûlée, et toute la silhouette de la ville se détache avec des tons d'aquarelle sur le fond des collines de Fiesole. La beauté se donne d'un coup, comme si on l'avait méritée après tout ce qu'il a fallu voir, mais une fois encore je ressens la sévérité de cette ville. Au moment même où cette idée chemine en moi, un brouhaha joyeux se fait entendre : toute une troupe d'enfants s'égaille autour de nous et les jardins revivent avec ces cris qui jouent à cache-cache sous les arbres...

Il m'est arrivé sur la route du Sud de m'arrêter à peine à Florence, et parfois en remontant de me dire qu'après tout on ne pouvait pas simplement passer, que c'était presque un sacrilège, mais ceux qui m'accompagnent, mon fils ou des amis, me disent alors : « On s'arrête à Florence, on y déjeune », ou « On dîne là, on dort à Fiesole... » Chaque fois, j'ai l'impression que je ne vais pas dans une ville, mais que je rentre dans l'Histoire, dans notre Histoire. Le prénom de Julien de Médicis est comme un lien avec moi et je désire secrètement que la voiture ait besoin d'une révision, que quelque chose d'inattendu – heureux bien sûr – se passe et que Florence me soit laissée quelques jours.

Parfois les titres servent à quelque chose. Ainsi on m'ouvre la villa de Berenson, sans bien savoir d'ailleurs qui je suis, mais je suis de « l'Académie américaine » et ici c'est le sésame qui convient, puisque l'université de Harvard est l'héritière du vieil historien. La porte s'ouvre électroniquement, des policiers gardent le domaine. Il y a des années, Berenson m'avait invité à venir le voir, mais plusieurs fois je l'avais remis. C'est grâce à lui que je sais beaucoup de choses en peinture, ce qui est grand et ce qui ne l'est pas, mais paraît l'être, par exemple Ghirlandaio. Presque tous les murs de la maison sont couverts de peintures des plus précieuses, des Primitifs siennois et quelques florentins. Ce qui domine, c'est ce qui m'a envoûté il y a des années, le Paradis du Quattrocento. Il y a des Sasseta. Dans une petite pièce, le *Saint François d'Assise.* Je ne l'avais jamais vu, même reproduit. La prédelle toute seule ferait la gloire d'un musée. D'admirables meubles de la pré-Renaissance. Il y en a jusque dans les couloirs. Dans la bibliothèque, Éric découvre mon Journal annoté et quelques-uns de mes romans. Immédiatement, la considération de la personne qui nous accompagne grimpe. Dans un immense salon des fresques 1900 assez laides jurent avec tout le reste de la demeure. Berenson les avait fait badigeonner, mais on s'est amusé à les redécouvrir. Dans les jardins, une magnifique fontaine de pierre dont le jet d'eau coule à peine et son murmure a l'air d'accompagner tout le paysage.

De retour à Florence, les lueurs du couchant coupent le haut des maisons d'une barre rouge qui s'évanouit lentement et, au fur et à mesure, dans l'atmosphère crépusculaire, en bas, les voix italiennes montent dans un chant débordant de vie. A Florence l'heure du dîner ne vide pas les rues comme dans les autres villes d'Italie, il y a toujours des groupes de gens dehors. Une musique de boîte de nuit sort par des soupiraux comme une personne qui prend l'air; les jeunes s'amusent; toute une vie nocturne commence qui serait, me dit-on, la plus déchaînée d'Italie. Mais les Médicis ne donnaient-ils pas des fêtes sans égales? Et n'est-ce pas l'envers des attitudes dédaigneuses du plein jour? N'est-ce pas aussi comme dans chaque vie la peur panique que la lumière ne revienne pas? Et ainsi on oppose à la nuit tous les élans de la joie physique et ce qui est vrai pour l'homme est vrai pour la ville. De tout son poids le passé essaie de nous entraîner comme une sirène dans son fleuve, mais le courant de l'avenir est le plus fort.

Oxford

Cette visite m'a inspiré le désir sans doute absurde de m'y installer jusqu'à la fin de mes jours. Il arrive un moment où l'admiration épuise notre provision d'adjectifs. Il serait lassant de tout décrire, mais certains détails sont à retenir. Le Dean de Christ Church nous a menés d'abord chez lui où nous attendait un thé délicieux. Sa grosse chienne, Reagan, couleur de sable, ronflait paisiblement à nos pieds. Le Dean est un Écossais d'à peu près mon âge avec de très bons yeux noirs et des cheveux fous qui flottent gaiement autour de sa tête. Il savait que nous voulions visiter les jardins d'Alice, ceux qui ont servi de modèle à Lewis Carroll pour *Au pays des merveilles*. Le premier est une assez vaste étendue d'herbe que domine un monstrueux platane d'âge archi-vénérable et dans les branches duquel s'est assis le fameux chat du Cheshire disparaissant peu à peu et ne laissant derrière lui que son sourire, et, au bas du géant dont les branches se tordent dans le ciel bleu, le trou par lequel a disparu le lapin qui avait peur d'être en retard et consultait sa montre. Ce monde impossible, qu'il nous est proche par le cœur! Le second jardin dans lequel Alice est entrée par une petite porte fermée, nous le regardons par le trou de la serrure, tous les trois courbés l'un après l'autre, le Dean, Éric et moi, pour voir le décor de la célèbre partie de croquet...

L'escalier conduisant au hall de Christ Church, avec son pilier et ses voûtes en parapluie, a l'air d'un dessin plus sombre dans un lavis. Dans la cathédrale, ou ce qui en reste après l'amputation que lui a fait subir le tout-puissant caprice de Wolsey. Au bout d'une des chapelles, des vitraux de Burne-Jones. « On les admire maintenant, remarque le Dean, mais dans ma jeunesse, on en riait. » Ils sont d'une grande beauté, ces personnages angéliques dessinés de main de maître, et leurs attitudes font songer plutôt à la musique qu'à de la peinture. D'une façon parfois hallucinante, ils ressemblent aux jeunes gens qu'on voit dans les rues de l'université. Le type

1976. Cambridge. Au fond, l'entrée de King's College.

Burne-Jones n'est pas une invention d'esthète, c'est le fruit d'une observation très attentive.

A Magdalen College, l'immense carré clos de longs bâtiments à deux étages semble enfermer le silence, qui n'est même pas troublé par le chant d'un merle. Les merles, il y en a partout sur ces vastes pelouses. En passant devant une porte, nous entendons des voix d'enfants qui s'entraînent à chanter un choral pour l'*evensong*. Elles s'interrompent, reprennent... Le monde paraît loin.

La ville ne me paraît jamais plus belle ni plus semblable à elle-même qu'en hiver. Le gothique est hivernal. Plus qu'au *quadrangle* de Christ Church, je trouve un grand charme aux petites cours de Brasenose qui communiquent les unes avec les autres. Dans une chapelle décorée par Grinling Gibbons, un organiste joue du Bach en prévision de Noël, et la chapelle se met à ressembler à la musique. Le charme d'Oxford est fait de la poésie d'un grand passé et de la présence d'une jeunesse affairée, mais qu'on ne peut pas trouver très studieuse, en tout cas je n'ai pas vu un seul étudiant avec un livre sous le bras. Il y a des rues désertes d'une beauté qui touche à cause de quelques arbres au bout d'une rangée de maisons blanches et plus loin une vaste prairie.

La merveilleuse bibliothèque très haute et d'une interminable longueur de All Souls, la voûte en berceau ornée de belles nervures. A des tables séparées et chacune éclairée par une lampe verte, quelques étudiants travaillent dans un silence de cathédrale. De couloir en couloir nous nous rendons à la dining-room aux boiseries d'acajou; sur l'immense table ovale est posée une longue houlette d'acajou aussi, cerclée d'argent, pour faire circuler les flacons de porto. Un paravent en cuir de Cordoue protège des courants d'air les convives les plus proches de la porte. L'atmosphère médiévale a été pieusement conservée par l'époque victorienne qui y a ajouté le confort et la note esthétique. Un gros bouquet de chrysanthèmes couleur de rouille sombre s'épanouit au centre de la table.

J'aime Oxford parce que j'aime les livres et qu'Oxford est un livre. On quitte une rue pour une autre comme on tourne une page. S'il me reste encore quelques années à vivre, j'aimerais les passer là. Mais que de fois n'ai-je pas dit la même chose? Et puis hélas, il y a dans cette ville un cérémonial qui confine à la torture morale, pour parler gentiment.

1978. Oxford. Ce vice impuni, la lecture!

1976. Oxford. University College. Le « Radcliffe Quadrangle ».

1978. Cambridge. Sur la Cam.
Rêver, un matin de printemps, fait aussi partie de ce qu'on doit savoir.

New Salem

Dès qu'on a quitté la grand-rue avec ses deux cinémas et ses inévitables *drugstores*, on se demande si ce coin des États-Unis ne s'est pas endormi, comme Rip Van Winkle aux environs de 1750, et d'un sommeil qui dure encore. Ces petites maisons de bois peint où brille le heurtoir de cuivre au milieu de la porte, toutes un peu prudes, un peu trop soucieuses de bonnes façons, semblent rêver à leurs sœurs lointaines du Kent ou du Devonshire. Mêmes fenêtres à guillotine, même frisure corinthienne aux colonnettes de l'entrée, et, dans les petits jardins, mêmes fleurs aux noms d'autrefois : *sweet william* et *bleeding heart*. C'est la Nouvelle-Angleterre qui se souvient de la vieille.

Une lumière caressante joue à travers le feuillage d'or des érables; à peine le murmure du vent trouble-t-il le silence. Plus j'avance, plus nette est l'impression que j'ai de m'enfoncer dans le temps. Les maisons s'espacent et s'écartent de la route pour se cacher derrière des arbres, tout ressemble à un paysage de livre d'histoire et peut-être vais-je voir au tournant d'un chemin des soldats anglais en tunique rouge...

Prague

J'ai eu une vision, c'était Prague. Je suis sorti d'une région du temps pour entrer dans le passé. On traverse ce qu'on croyait impossible, une autre époque, la ville n'a pas l'air vraie tellement elle est d'ailleurs, comme Venise. On a beau voir dans les rues des vestons modernes, ils deviennent subitement autre chose, ils ont un autre sens. On a fait un voyage à travers plusieurs épaisseurs de temps et nous voilà dans le temps de Prague, différent de tous ceux que nous connaissons, autre, en dehors de nos fuseaux horaires.

La Moldau très large et rapide avec cependant de longs sillons tranquilles comme si le jour y trempait ses nuages. Sur le pont Charles-IV, les quarante statues créent du mouvement et font que le pont est habité. Un vent d'autrefois fait bouger certains plis de leurs vêtements et cette foule semble nous accompagner sous la tour qui commande le passage du côté de la vieille ville, une tour hérissée de pointes comme une coiffure pour Méphisto. Ce n'est pas de ce côté cependant que Faust a pu signer son pacte, car Prague est une ville pour Faust, mais on le logerait davantage près de Notre-Dame-du-Týn et des petites ruelles éclairées le soir par des lanternes à la lumière de soufre.

Ici le temps n'a plus d'importance et notre siècle n'a plus de frontières bien délimitées. Prague gothique, Prague Renaissance, Prague baroque et Prague XIXe, ce qui compte c'est le caractère. Les ruelles étranges, sinistres parfois, sont d'un romantisme grandiose.

Je ne rivaliserai pas avec un baedeker, mais la beauté de cette ville sans égale est aussi évidente que celle de Rome; quelle phrase pourrait livrer la grandeur d'un soir sur le fleuve, la douceur de la lumière effleurant les fresques d'une maison Renaissance sur la place de la Vieille-Ville, ou le mystère d'une porte surmontée d'ours de la rue Melantrich?

Je ne décrirai pas plus le château, mais quelle joie de regarder les jardins qui dégringolent vers les toits de la ville de la fenêtre où l'on jeta les gouverneurs de l'empereur Mathias. Ce n'était pas bien haut et ils tombèrent sur un tas de fumier, place naturelle de tous ceux qui font de la politique. La plus fameuse des défenestrations de Prague (car il y en eut d'autres, avant, sous Wenceslas, et plus récentes, et mortelles celles-là) reste dans l'esprit de l'écolier, à cause sans doute de cette fin morale; il se sent vengé de toutes les chronologies dont son cerveau doit tenir le compte.

Au palais Wallenstein, j'ai été chercher la fraîcheur dans les jardins en terrasses protégées par des petits murs et des balustrades baroques. Dans l'un de ces prés enclos par des murs bas, un jardinier, grand garçon à peu près nu au soleil, la peau toute jaune, est venu vers moi. Il fauchait de ce grand geste qui soudain m'a mis en tête les gravures de Dürer sur la *Danse macabre*. Ici, la jeunesse jouait avec l'attribut de la mort. Tout était beau dans ce jardin; plus bas, un jet d'eau murmurait doucement, le soleil brillait sur l'herbe, et il y avait le glissement de la faux...

A l'autre bout de la ville, à la Bertramka, la villa de Dussek, où Mozart écrivit *Don Juan*. Il avait instinctivement choisi et le lieu et l'atmosphère qu'il fallait à son histoire de mort, car le Commandeur venu de l'invisible n'est-il pas un peu la conscience – ou ce qu'il en reste – du libertin qui dit non par manque d'amour? Ses amours ont tué l'Amour. Mais, dans toute la partition, je ne vois rien d'espagnol, c'est l'Espagne en Bohême. Prague est la ville de tous ces rêves...

Uppsala

Le château d'Uppsala, avec ses immenses salles toutes blanches et ses plafonds barrés de poutres noires, tient à la fois du couvent, de la ferme et du palais; ses proportions vraiment fastueuses lui donnent grand air. Pas de meubles, sinon quelques chaises de bois sombre poussées contre les murailles nues comme des lettres au bas d'une page vide...

Hélas, la cathédrale a été reconstruite en brique rouge, à la plus mauvaise époque du XIXe siècle, mais l'intérieur a moins souffert. On ouvre la porte et l'on se trouve dans une cathédrale française; j'entends cela littéralement. Étienne de Bonneuil est venu de Paris pour travailler à cette église; mais tout cela doit être dans les guides. La grande chaire de Tessin est fort admirée; je la trouve trop droite, trop haute, couverte d'ornements qui ne manquent pas de grâce, mais qui sont tout simplement plaqués sur la chaire au lieu d'en faire partie; bien différente en cela de ces délirantes *chaires de vérité* comme on en voit à Malines, où l'exaltation baroque s'en donne à cœur joie et secoue la structure même de ces gros meubles. La moitié de la cathédrale est en réfection. C'est cette partie que nous avons vue hier, grâce à un passe-droit. Avec ses échafaudages et ses grands trous d'ombre, c'est une forêt où dorment des rois barbus ou couronnés, sagement étendus sur le dos dans leur longue robe de fourrure, et à côté d'eux, l'épouse enfin muette. Éric voudrait voir la châsse de son saint patron; d'ordinaire elle est là, mais on l'a mise en sécurité pendant les travaux. Et où ça? A la banque. Ils ont déposé saint Éric à la banque!

L'odeur des lilas nous accompagne dans la vieille ville, mais l'université est vide en cette fin d'après-midi de juin. Toute la jeunesse semble s'être donné rendez-vous dans les jardins du château et les groupes vont et viennent dans ce parc mouvementé, il y a des chanteurs et des amoureux, des discussions passionnées et des rires. Du haut de la terrasse on voit toute la plaine et toute la ville, comme une image de la vie future qui s'offre à ces jeunes gens à la veille de leurs examens.

Veille d'exam(en)...

Stockholm

A peine déballées nos valises, nous sommes allés faire un tour dans un petit parc du voisinage, plein d'arbres magnifiques et de merles qui sifflaient joyeusement dans l'air froid. L'un d'eux faisait son numéro sur le poing d'une statue de bronze. Des rangées de maisons peintes, des bouleaux, tout ce qui proclame le Nord, cette contrée merveilleuse qui m'a toujours fait rêver. Si peu que j'aie remarqué les passants, j'ai constaté que dans l'ensemble la race, ici comme ailleurs, a quelque peu changé de silhouette. On voit parmi la jeunesse beaucoup d'échalas surmontés de l'inévitable tignasse blonde, et le blue-jean prédomine. On sent la présence du même socialisme atténué qu'à Vienne. Pas ou bien peu de bruit dans les rues. La statue est celle de Linné, et plus tard, on nous dit que ce square est un repaire de drogués. Ma première promenade a donc été chez les drogués!

Au musée des antiquités préhistoriques. Très intrigué par un manteau de l'âge de bronze. Il y a cela dans une vitrine, ou plutôt, il y a un lambeau d'étoffe retrouvé dans une jarre funéraire et d'après lequel on a reconstitué cette grande cape des temps crépusculaires; c'est un tweed des plus élégants, avec un dessin de losanges beiges sur un fond d'un blanc sale; une grosse broche d'or devait la fermer par-devant à la hauteur du cou. Sans doute un chef portait-il ce vêtement qui tient un peu du moine et un peu du touriste; on s'en couvrirait de nos jours sans causer trop d'étonnement... J'ai eu une curieuse impression devant toutes ces épaves d'un âge si lointain, l'impression qu'à travers moi l'humanité entière passe comme une grand-route. Elle est tout moi, et moi tout elle. J'existais le jour où pour la première fois elle a levé les yeux vers les nuages, je serai en elle jusqu'à la fin, s'il y a une fin. Je ne puis mourir. Son cœur est le mien, et ce cœur ne fait que commencer à battre. Ce que j'appelle vivre n'est autre chose que la conscience que l'humanité a d'elle-même. J'ai éprouvé ce sentiment à un degré si vif que notre crainte de mourir m'a paru tout à coup un des plus tragiques malentendus dont nous ayons jamais souffert; il vient sans doute de cette désastreuse confusion entre nous-mêmes et notre corps. Mais comment parler de cela? A des gens qui savent ce que je veux dire, ces choses paraissent naturelles parce qu'ils les ont *ressenties.* Les autres me prendraient pour un fou. Le propre de ces idées qui me viennent comme elles viendront peu à peu à tous, car rien ne nous sépare les uns des autres, de même que rien ne sépare les gouttes d'eau dans l'océan, le propre de ces idées est que leur valeur est à peu près nulle tant qu'elles restent dans le domaine intellectuel; il faut que nous les vivions.

Je me suis assis dans le jardin de la Bibliothèque royale. J'ai vu deux choses qui m'ont beaucoup frappé. D'abord, devant un hôtel renommé, assis côte à côte au fond d'une luxueuse voiture, deux nains dont l'un avait la taille d'un enfant de sept ans; l'autre était beaucoup plus petit et beaucoup plus vieux, et dans son minuscule visage tout ridé se lisait un désespoir comme je n'en ai jamais vu sur les traits d'un être humain. J'ai été bouleversé par ce spectacle, j'aurais voulu dire quelque chose à ces malheureux, leur parler fraternellement, mais l'expression méchante du plus âgé m'a découragé. Et qui n'eût paru méchant à sa place? Quelques minutes plus tard est passé près de moi un jeune homme dont le visage revêtait cette expression triomphante que donnent le bonheur et la conscience d'une grande beauté physique. Et, pendant un moment, j'ai envié cet inconnu, j'ai rêvé à ce que pourrait être la vie d'un homme aussi favorisé, il me semble que j'aurais voulu être ainsi. Mais ce monsieur est peut-être un imbécile... Réjouis-toi plutôt, me suis-je dit, de n'être pas comme ces pauvres monstres qui attendent, on ne sait qui, on ne sait quoi, au fond de leur limousine. Réjouis-toi aussi de ne pas être comme l'autre, peut-être sans idée et sans rêve.

A Lidingö, chez Carl Milles. Dans les jardins de la maison où il a vécu ses dernières années, à son retour d'Amérique où je l'avais vu, le prodigieux sculpteur au visage lisse comme celui d'un vieil ange a peuplé les terrasses d'une humanité visionnaire. Hommes, femmes, filles et gamins rient, grimacent et s'ébrouent dans les piscines ou bondissent vers le ciel, se roulent dans le soleil. Par un prodige d'équilibre, ce garçon de bronze prend son élan au bout du doigt d'une main surhumaine : c'est la Création de l'esprit. La joie sauvage qui est dans tous ces corps les rend plus légers que l'air.

Un jeune homme s'envole de l'aile d'un cheval qui lui-même s'envole : c'est Pégase et son poète. Et cette grande masse de bronze a l'air elle-même de quitter le sol. Jamais peut-être avec de la pierre et du métal un sculpteur n'a exprimé ces choses qui tiennent à la fois du rêve et du réalisme exigeant. C'est la Scandinavie ivre d'une force animale et joyeuse et, en même temps, une négation de la mort.

J'aime voir comment les autres vivent chez eux, aussi bien les jeunes que ceux qui vivent dans leurs souvenirs. Une amie vient nous prendre vers six heures et nous allons chez sa mère, une délicieuse vieille dame d'une élégance surannée, cheveux blancs, jolis yeux verts dans un charmant visage. Son appartement, dans une rue tranquille qui fait songer à certaines rues de l'Europe centrale, est meublé comme au XIXe siècle et c'est exactement à cette époque que vit encore cette dame. Son fauteuil près d'une croisée, avec un petit coussin rouge-brun pour la tête, des meubles de bois blond brillants comme du verre, un peu dans le style Biedermeier, comme on est bien là pour laisser passer sans le voir le redoutable XXe siècle. Elle parle un français d'autrefois, non sans grâce. Sur les murs des aquarelles légères, arbres, coins de forêt, chemins le long d'un lac, tels que les a vus cette dame, comme une projection d'un cœur limpide et plein d'amour. Par la fenêtre où bouge un grand rideau blanc l'odeur des lilas sous la pluie vient par bouffées et se mêle à l'atmosphère délicate de ces murs pâles et de ces pièces sans ombre...

Nous gagnons Dröttningholm par bateau. Ce qui m'intéresse, ce n'est ni le château ni le théâtre, tous les châteaux du XVIIIe siècle se ressemblent peu ou prou, ceux du XVIIe aussi lorsqu'ils sont royaux et officiels. Meubles, lustres, c'est toujours le sempiternel Louis-XIV ou le sempiternel Louis-XVI, comme plus tard ce seront toujours les mêmes bureaux Empire. Ce que j'aime, c'est le parc avec sa longue allée d'arbres creux où l'on peut se cacher et l'odeur des lilas, les *syrèns,* qui sont en fleur. Tout au bout, le pavillon chinois qu'il faut voir, me dit-on. Je veux bien, mais ce sont des enfantillages de rois qui veulent se déguiser en autre chose. Alors en avant les bambous et les pagodes sur soie! Nous revenons sur l'eau au crépuscule, et le crépuscule est un autre lac où les îles ombreuses ont l'air de plonger, le vert des arbres tournant lentement à un noir profond.

Anvers

Je sortais d'un cinéma d'actualités, à Anvers. Sans transition, je venais de voir bombarder une ville ouverte, courir une automobile en forme d'obus, applaudir un public japonais à l'assassinat en champ clos d'un lièvre par un faucon, planter le drapeau d'un parti politique dans un champ de glace aussi infertile qu'il me parut symbolique, et j'étais profondément convaincu que nous étions plus forts que nos ancêtres, que nous allions plus vite et plus loin, et que nous savions mieux tuer, mais je ne tirais aucun plaisir de cette certitude; je crois même que j'avais honte. Vue et écoutée par les oreilles du monde, notre époque se montrait à moi sous un aspect qui m'indignait. Dans cet état d'esprit je me mis à la recherche d'un restaurant, car il était huit heures.

Le désir de m'évader de ce monde, ne fût-ce que pour une heure, était si fort en moi, que je ne pris pas garde au restaurant dans lequel je pénétrai. Je traversai d'abord un café pareil à tous les cafés d'Europe, puis je me trompai comme il m'arrive trop souvent, et m'égarai dans les cuisines. Instruit de mon erreur et remis dans la bonne voie, je pris place un instant plus tard dans une petite salle déserte. C'est alors que je commençai à me frotter les yeux.

A quel hasard devais-je de me trouver là? Mais le hasard n'existe pas et j'étais dans cet endroit féerique parce que, à force d'y rêver, j'avais fini par le découvrir. J'étais donc assis à l'intérieur d'un gros diamant. Ce songe absurde et ravissant se réalisait au cœur d'une grande ville commerçante, à deux pas de l'avenue de Keyser où le fracas des machines perforatrices se mêlait au grondement de trams démodés.

Ayant commandé n'importe quoi pour éloigner le garçon, j'examinai la petite pièce encore déserte et silencieuse où l'art de 1900 avait dessiné ses arabesques les plus aventureuses. Au-dessus du reps grenat des banquettes généreusement semées de pivoines bleu de Prusse, brillaient les parois de glaces sur lesquelles courait un extravagant lacis vert d'eau qui emprisonnait dans l'agitation de ses courbes des fragments circulaires ou ovales du même cabinet vu par réflexion. Ces figures géométriques s'inscrivaient tant de fois les unes dans les autres que l'œil se fatiguait à les suivre alors qu'elles invitaient l'esprit à de longues promenades dans l'imaginaire. De l'endroit où j'étais assis, en effet, sous un large bouquet d'aveuglantes ampoules, je voyais une sorte de tunnel de verre dans lequel la lumière s'engouffrait comme un express.

Un second cabinet s'ouvrait à ma droite qui présentait un spectacle plus singulier peut-être, car au lieu de l'étincelant abîme et des cascades électriques que proposait le premier, la vue ne rencontrait ici que le reflet multiplié de tables vides sur lesquelles veillait, comme un berger sur ses bêtes, un austère portemanteau de chêne ciré, mais les miroirs à pans coupés faisaient de cet endroit exigu un fascinant labyrinthe dont je m'efforçai en vain de tracer le plan, et je m'égarai bientôt dans ces pièces innombrables qui s'interceptaient à l'envi et semblaient glisser dans des directions opposées pour se télescoper enfin dans une savante confusion d'arêtes lumineuses et de surfaces éblouissantes.

Par un futile souci de logique, je résolus de prendre le portemanteau comme point de repère et de me guider sur lui, mais, avec une malice ingénieuse et le désir évident de fausser tous mes calculs, il ne se trouvait jamais là où mes yeux s'attendaient à le voir. Tantôt je découvrais près d'une porte le délicat enchevêtrement de ses S de bois, tantôt cet objet banal et pervers me considérait avec ironie d'entre les tables, ou bien il se présentait à moi en groupes de six ou de huit, simulant un petit bosquet sans grâce et sans ombre. Parfois encore, il disparaissait tout à fait et je le retrouvais très loin, à plusieurs journées de marche, dans une solitude de givre et d'irisations.

Lorsque j'eus renoncé à comprendre ces mystérieuses fantaisies, je goûtai aussitôt le plaisir qu'elles avaient à m'offrir. J'acceptai de ne plus croire aux lois de la perspective et de leur préférer, pour un moment, les insondables caprices du kaléidoscope. Ici, laisser le regard aller de l'avant, c'était s'aventurer dans les profondeurs d'une région inexplorée, où les plans se coupaient dans des jaillissements d'étincelles, où les lignes parallèles se rejoignaient, comme les mathématiciens nous affirment que cela se passe au sein de l'infini. Dans cette anarchie géométrique, je distinguai cependant les éléments d'un ordre insolite obéissant au désir de plaire et d'étonner. J'étais une mouche prise dans une toile d'araignée aux fils de cristal, et, si je m'inclinais un peu plus à gauche, je me trouvais dans un incendie d'azur et pouvais croire que, moi aussi, je savais me cacher dans la lumière; et si je me tenais droit comme tout à l'heure, j'apercevais plusieurs dizaines de portemanteaux qui surveillaient ce client bizarre. Enfin, comme je levais les yeux du menu sur lequel j'essayais de fixer à la plume quelques aspects du magique décor, je vis sortir des murs vingt hommes habillés de noir qui se réduisirent en un seul pour poser devant moi une assiette pleine de soupe.

La nuit venue, magnifique promenade jusqu'à Keistraat, derrière la Sank Pauluskerk. Des rues tortueuses, pavées de grosses pierres, la flèche de la cathédrale jaillissant tout à coup dans un ciel noir, le Steen apparu dans une lumière éclatante, les rangées de hautes maisons à pignons. Au bord d'une avenue, le débardeur de Constantin Meunier, coiffé d'un sac dont le bord frôle l'arcade sourcilière, le poing sur la hanche, la taille cambrée, personnage d'une élégance de prince...

On m'avait tant vanté le zoo d'Anvers, que j'y allai un après-midi. Profonde tristesse de voir ces animaux enfermés. C'est peut-être un de nos plus grands péchés que de mettre derrière des barreaux une antilope ou un aigle, mais nous sommes tous tellement barbares que nous ne nous en apercevons même pas. Deux corbeaux du Congo, gras et lisses, luisants comme des bottes qu'on vient de cirer. Des zèbres bruns à rayures noires; leurs fesses ressemblent à de magnifiques agates. Un immense condor la tête encapuchonnée dans une sorte de bonnet de laine blanche et les ailes noires et ployées, immobile, sauf le bout des ailes qui bouge imperceptiblement, des ailes d'une grandeur effrayante, faites pour brasser l'air à des hauteurs fabuleuses. Il se tient comme un homme dont on prendrait les mesures pour un costume. L'ours polaire et son dandinement sinistre, la tête allant et venant sans jamais s'arrêter, et, sans que ce mouvement s'interrompe, la gueule s'ouvrant parfois, faisant voir dans un grand bâillement une langue d'un mauve sale. Au bout de quelques minutes je suis parti. Je hais les zoos presque à l'égal des camps de concentration auxquels, du reste, ils ressemblent fort.

La place de Coninc, la nuit. Au milieu, le tintamarre d'une fête foraine. Une piste sur laquelle se bousculent d'affreuses petites automobiles dans lesquelles ont pris place des garçons et des filles à têtes de brutes, mais aussi, quelquefois, à têtes de Memling, avec des

1969. Le petit phoque d'Anvers. Quel commentaire ajouter à ce regard d'amour?

yeux d'un bleu de brume et tirés vers les tempes. Ils s'amusent gaiement, se lancent les uns contre les autres comme de petits taureaux, leurs cheveux frisés cascadant sur de petits fronts butés.

Éric veut absolument que je voie Middelheim, le musée des sculptures et, par un après-midi vert et gris de printemps, nous sommes seuls dans ce jardin de statues. Je marche sous les arbres et sur les pelouses avec le sentiment d'être vraiment chez quelqu'un. Je crois n'avoir jamais eu la sensation d'un monde habité par le génie comme pendant cette promenade où les sculptures sont placées avec naturel là où l'œil les attend, la *Mante religieuse* de Germaine Richier près d'un buis taillé semblant mort, le *Pégase* de Carl Milles s'envolant au milieu d'une clairière, et, prenant les marronniers à témoin de sa danse orgiaque, la *Vierge folle* de Wouters. Plus loin le *Prophète* de Gargallo crie dans une trouée que le soleil vient de faire dans le ciel gris le même avertissement à notre monde sans âme que l'*Orphée* de Zadkine, mais des femmes enceintes discutent avec indifférence dans une prairie, ventre à ventre, et ce n'est que près d'elles que l'on s'aperçoit que ce sont des bronzes, et non des promeneuses s'abritant à l'ombre d'une allée, car il s'est mis doucement à pleuvoir. Les statues luisent, nous nous réfugions dans le petit musée où comme un symbole nous attend l'immense jeu d'échecs de Gentils où pourraient jouer non des hommes, mais les êtres qui hantent au-dehors certains coins du parc, comme ces *Dames* de Bodini fuyant un Hiroshima intérieur, ou *Le Roi et la Reine* de Moore échappés au jeu lui-même avec leurs figures abstraites et cependant vivantes. Le soleil revient et une voiture nous mène à l'autre bout de la ville, au milieu des écluses. Après les détours sans nombre, pour nous remettre des kilomètres que nous venons de faire sur les pelouses, une tasse de thé serait la bienvenue. Enfin nous voici dans un hôtel pour Jules Verne, le Nautilus. Les murs sont en verre comme dans le sous-marin célèbre, mais ce ne sont pas des poissons qui défilent sans cesse sous nos yeux, ce sont des péniches et toutes sortes de bateaux. Au loin, de longues cheminées dont le bout paraît en feu. La nuit, me dit Éric, on imagine des torches géantes à la porte du palais de Teglat-Phalazar.

Québec

Le 20 août 1939, je me trouvais à Québec, sur la longue promenade qui s'étend de Château-Frontenac aux Plaines d'Abraham. Par les soirs de beau temps, il semble que la ville entière fasse les cent pas sur ces planches sonores; des bancs incurvés et un kiosque à musique dominent bourgeoisement les eaux les plus majestueuses du monde. Ce contraste entre l'aveugle sans-gêne de l'homme et la simplicité grandiose et méprisante de la nature fait une impression vive, mais brève, sur l'esprit du nouveau venu qui s'habitue presque aussitôt à de telles incohérences; il trouve vite naturel que le chef du modeste orchestre militaire fasse ses petits gestes de lapin mécanique dans un décor qui évoque les premiers roulements de tonnerre de la création.

Si le Saint-Laurent nous parlait de la Genèse, ce soir-là, le ciel répondait par des versets de l'Apocalypse. Étions-nous seuls à le voir, mon compagnon et moi? L'indifférence des promeneurs me confondit, qui bavardaient en plaisantant sous les franges lumineuses d'une aurore boréale.

N'ayant jamais vu d'aurore boréale, je sentis une certaine inquiétude se mêler à ma surprise. Au milieu d'un ciel noir, on eût dit, en effet, que d'énormes draperies dont les bords seuls recueillaient une mystérieuse lueur s'agitaient avec lenteur sous un puissant courant d'air venu des profondeurs de l'infini. Était-ce, comme on le dit parfois, un vaste et lointain reflet des glaces du Pôle? Je n'en savais rien, je ne pouvais que regarder et me taire.

Le lendemain, j'appris qu'à Sainte-Anne-de-Beaupré on avait observé une teinte rose tournant au rouge dans le ciel illuminé par le phénomène, et que certains avaient pris peur. Je me souvins alors du choc intérieur que j'avais ressenti, trois ou quatre semaines plus tôt, en voyant presque au ras des collines une sorte d'œil rouge et clignotant, Mars. Quelques jours plus tard, c'était la guerre.

Lisbonne

Il y a un peu plus de quarante ans, j'étais ici, sur le chemin de l'Amérique. Nous sommes au Ritz et avons de nos fenêtres une vue très étendue sur une ville américaine, gratte-ciel, etc., mais on est *far from the madding crowd* (loin de la foule déchaînée). Les murs de la ville sont comme un long hurlement de haine politique à modulations variées. Communistes et socialistes se défient et se détestent en grosses lettres, et les autres partis du centre ou de droite font de même. A part cela, un beau soleil qui chauffe peu.

Dans le quartier de la cathédrale, des maisons d'il y a cent ou deux cents ans, un peu sévères, mais leurs balcons ouvragés rachètent les façades trop sérieuses et trop plates. Entre des murs, on a de soudaines vues plongeantes sur la mer de Paille où, à contre-jour, les bateaux glissent comme des ombres mauves dans une poussière de soleil.

Chez Tavarès, un restaurant 1880 tout en miroirs et en velours rouge comme une loge d'opéra, où nous avons mangé des choses délicieuses devant une pyramide de desserts. Beaucoup de monde et de gaieté comme autrefois. Le quartier avec ses rues en pente et ses vieilles maisons à balcons de fer forgé a gardé le charme très suranné du Portugal d'avant les grandes secousses politiques. Une foule bavarde, une température de printemps alors que nous sommes en novembre, avec des brises soudaines, et des lumières de la ville assez espacées pour sauvegarder des zones de mystère.

Sur le Rossio, j'ai revu l'hôtel de Francfort où j'ai passé une nuit de juillet 40. Lourd souvenir. L'hôtel a l'air simple. Il y avait ce nom qui m'avait frappé alors et paru sinistre. Dans le hall, j'étais assis quand est venu vers moi un jeune Français, un garçonnet, qui m'a dit : « Je suis juif, pouvez-vous m'aider? » Je lui ai répondu que je n'avais pas un sou, que j'attendais le bateau pour l'Amérique, mais une idée m'est venue. J'ai demandé à la réception l'annuaire du téléphone de Lisbonne et j'ai regardé la liste des Rothschild, ils étaient nombreux, j'ai pris le premier, j'ai appelé. Une dame m'a

1979. Lisbonne. La cathédrale. Des yeux, un nez, une bouche.

répondu. Je me suis nommé et lui ai expliqué exactement ce qui se passait. Il y eut un silence et elle m'a répondu ceci : « Envoyez-le-moi, nous ferons le nécessaire. »

A Sintra, dans les jardins de Klingsor, car forêt et vallons font penser au domaine de l'enchanteur de Parsifal. Des fabriques sont disséminées dans les bois. Un pin voit ses branches se redresser en l'air dans un coude prodigieux, prendre racine pour s'élever de nouveau à une hauteur presque égale à celle de leur père. Le tout présente un aspect étrange et presque maléfique tant il y a de volonté dans cet effort de la nature. Des arbres sont gros comme des piliers de cathédrale. Le tronc mince et léger de fougères géantes porte une immense gerbe de larges feuilles recourbées comme des parasols. Des ruisseaux coulent un peu partout sous des ombrages ou sur de la mousse étoilée. On songe au paradis terrestre tel que l'a représenté Bosch. Je ne connais pas sur cette terre de lieu plus envoûtant ni plus proche d'une idée de bonheur parfait. Chaque pas est un ravissement de plus parce que, à chaque pas, ce merveilleux décor se modifie et semble vouloir se surpasser lui-même. Ce pouvoir de séduction est extrême, le lieu enchanté. Je ne dis rien du château bâti vers le milieu du siècle dernier et qui est l'accouplement de la hideur et de la bizarrerie, une macédoine de Moyen Age, d'Orient et de Renaissance.

Vue de loin, Lisbonne est blanche et rose, les toits d'une teinte délicate que n'ont pas ailleurs les toits de ce pays, trop rouges souvent. Vers la chute du jour, tout se fond et prend les tons d'une fleur sur le point de se faner, l'air perd de sa transparence, un très léger voile de brume adoucit la masse immense de la mer de Paille qui s'évanouit dans le soir. Comment rendre le charme de cette mer aux tons de pastel? Comment rendre aussi le charme des rangées de maisons aux balcons étroits, aux fenêtres à l'infini dans un décor qui parle de temps plus heureux? La gaieté naturelle des habitants, la gentillesse du peuple, le sourire vous disent : « Revenez. » Et cependant, derrière cette joie se cache une mélancolie primitive. Le soir, dans le vieux Lisbonne, au bas de l'Alfama, près du fleuve, dans une étroite rue en escalier, on m'emmène écouter des fados, loin des endroits habituels des touristes. C'est un petit restaurant carré où les Portugais chantent pour eux, je pourrais dire plus exactement chacun pour soi seul, comme si la musique lui permettait de vider son cœur. Une jeune femme très belle chante comme si elle rêvait debout; lui succède une femme au visage de statue brisée et dont la voix rauque

a soudain des modulations très douces, des notes répétées comme un oiseau. Les trois guitares ont chacune leur registre, l'une parfois des accents de clavecin, lorsqu'il imite la pluie sur un toit de zinc, l'autre comme à Hawaii des douceurs étranges. La musique glisse, se cabre, vous entraîne plus loin vers une brume déchirée tout à coup par du soleil.

Je quitterai cette ville avec tristesse. Entendre *L'Internationale* pas très bien chantée, de temps en temps, n'est pas sérieux, c'est un pays qu'on aime tout de suite. Pourquoi faut-il que les retours soient si mélancoliques? Tu as été heureux là, mais *là* représente toujours quelque chose qu'il faut laisser. Lorsqu'on arrive au Portugal en avion et de même lorsqu'on le quitte, c'est la douceur de sa lumière qui semble s'infiltrer dans toutes les couleurs du sol. Et la douceur des habitants est en rapport avec l'aspect du pays et l'aménité de son climat.

1979. Dans la cathédrale de Lisbonne, l'escalier prisonnier.

← 1978. Là encore je n'ai rien marqué. J'ai un trou dans mes souvenirs.

Baltimore

En regardant l'autre jour à Baltimore une rue pleine de voitures, je me suis demandé si elle était laide ou belle et en vertu de quels canons on en jugerait. Elle est belle, sans doute, aux yeux des hommes qui l'ont construite et la voient tous les jours, mais à moi elle paraît laide parce qu'elle ressemble trop peu aux rues qui me sont chères, à celles qui me transpercent le cœur, de Paris et de Rome, comme des flèches vibrantes; ces dernières pourtant n'ont peut-être aucune grâce dans l'esprit de Dieu à qui il faut ramener toute idée de perfection, car seul est beau d'une façon absolue ce qui est beau selon Dieu.

Si l'on essaie de considérer les objets qui nous entourent d'un œil *désenchanté*, il ne se peut que nous ne soyons au moins effleurés d'idées singulières et que des doutes ne nous viennent sur la beauté de ce que nous admirons. Tâchons par exemple de nous figurer ce que penserait un Martien prisonnier dans une maison moderne; ses yeux ne rencontreraient peut-être rien qu'il ne trouvât bizarre, inexplicable ou disgracieux...

Longues promenades le long des routes. L'autre nuit, sortant de la propriété de ma cousine, j'ai été interpellé par des agents de police qui trouvaient suspect que je fusse à pied. Toute l'Amérique roule en voiture; ici les routes ne sont pas faites pour les piétons.

Je suis descendu jusqu'à Federal Hill Park pour regarder les chantiers du port où l'on radoube les vieux navires qu'on va envoyer à l'Angleterre. Grand bruit de ferraille, éclairs de lumière électrique dans la nuit, et de gros bateaux ventrus, rouge et blanc, violemment éclairés. Tout cela a l'air irréel.

A la Peabody Library dont les hautes fenêtres regardent une jolie place bordée de petites maisons; façades de brique peinte, barrées d'imposants balcons ouvragés qui ressemblent à des dés de dentelle noire tendue sur de larges poitrines. La salle où je travaille est à peu près vide. L'ombre descend du plafond où elle s'était réfugiée à midi et elle plane au-dessus des lampes qui s'allument. La paix, l'oubli, l'ennui, le goût de l'étude et le goût de l'inutile, mais de l'inutile austère, il flotte un peu de tout cela sur les caissons noircis de cette vaste pièce. Je tire de leur sommeil les volumes de Littré, de Grimm et de Gesenius. Oh! le bonheur de s'enrichir de quelque chose qui n'a aucune valeur marchande! A quoi sert de recopier le superbe article sur *où* dans le dictionnaire de Littré? A rien du tout, mais je sors satisfait de ce lieu désert avec des phrases de Racine dans la tête.

Chez ma cousine Nan, tout à coup arrive Dali avec un carton jaune sous le bras. Sa moustache très mince et d'une extrême longueur poignarde le vide à droite et à gauche. Il expose quelques *idées* : en Amérique, nous dit-il, il n'y a pas de paysages : en conséquence, il fait mettre des vitres de couleur à son automobile et les couvrir de peintures, oiseaux, etc., de manière à ne point voir les « affiches de Coca-cola », etc., etc., etc. Il tire de son carton un chromo qu'il a retouché : « Cela représente une bibliothèque », m'explique-t-il. Moi, je ne vois d'abord que des moutons rentrant au bercail sous la houlette d'un berger, mais il me fait remarquer que chaque mouton est en réalité un fauteuil, car il a, en effet, pourvu ces bêtes de pieds de meuble...

Aux Ballets russes. Ici, à Baltimore, ils n'ont pas cette autorité singulière dont ils bénéficiaient à l'Opéra ou aux Champs-Élysées. Entre eux et les spectateurs de Baltimore, il n'y a pas cette complicité de Paris, il y a, au contraire, une invisible barrière que la salle élève à son insu. Et puis, ce qui leur manque, c'est la sensualité de 1925, l'espèce de courant électrique qui parcourait la salle dès le lever du rideau; à présent, ils font songer à je ne sais quelle opération magique qui rate parce que les spectateurs ne marchent plus. Le diable se désintéresse de ce spectacle qu'il montait jadis lui-même sur les planches de Paris. On n'y voit plus l'effarant triomphe de ce qui est interdit, et ces innocents entrechats ne troublent plus personne.

Avant de quitter Baltimore, je me disais : « Le jour viendra où je retournerai en Europe, mais, avant de partir, j'irai déposer une gerbe sur la tombe d'Edgar Poe. » Car c'est à Baltimore qu'il est enterré. Et quelles fleurs pensais-je porter au poète? Les plus belles, les plus royales de toutes : des iris. Rien n'égale en magnificence le manteau de la flamme d'un bleu à la fois éclatant et nocturne. Des iris donc. Mais porter une gerbe d'iris n'est pas aussi facile qu'on le croirait; cela donne l'air indéfinissablement gauche et naïf. Enfin le respect humain eut raison de mon projet et ma gerbe se volatilisa. Je n'y pensais plus guère quand ma cousine me dit un jour : « Cette après-midi, je t'emmène à la tombe d'Edgar Allan Poe. » Comme je l'imaginais bien, cette tombe! Je la voyais tout au bout d'une avenue de cyprès, naturellement, « de cyprès avec Psyché mon âme... », ainsi qu'il est dit dans *Ulalume*.

Ce qui facilitait le pèlerinage, c'était la voiture de ma cousine. Nous montâmes donc, et en route... Plusieurs fois pendant le trajet, je pensai à mes fleurs. Des iris. J'aurais pu y ajouter des glaïeuls, pour le contraste, et deux lis, l'un noir et l'autre blanc. Ainsi je composais ma gerbe imaginaire en traversant la ville et, chaque fois que l'idée me venait de parler de ces fleurs à ma cousine, elle m'adressait la parole comme pour m'empêcher de dire ce que je voulais dire. Affreuses, les rues que nous longions en cette journée de juin. Les petites maisons de brique se succédaient avec je ne sais quoi de bougon; la chaleur tombait en nappes lourdes et l'asphalte en révolte se boursouflait par places. Enfin une grande artère bordée de maisons un peu plus hautes avec les trois petites marches de marbre blanc que la tradition donne à Baltimore. Un tramway passe en criant sur ses rails. Que j'ai donc hâte d'arriver! L'éclat de cette lumière implacable et ce bruit strident qui semble le cri même de la chaleur triomphante, tout cela m'est hostile et je soupire après les ombrages romantiques qui m'attendent. Soudain la voiture s'arrête : « Descends, nous y sommes. »

Je descends, mais je ne comprends pas. L'église de brique devant laquelle je me trouve, à peine si je la regarde. Elle n'est pas laide pourtant, avec son air d'église de campagne qui cherche ses prés. Une grille l'entoure, la sépare de la rue, mais non de toute cette rumeur de voitures qui la cerne et la malmène.

« Nous ne pouvons pas entrer, dit ma cousine, ils ont fermé la grille. Mais on la voit bien. » Le fracas d'un nouveau tramway couvre sa voix. De sa main gauche gantée de noir, elle me désigne entre la grille et l'église un petit espace où croît une herbe découragée, et je vois tout à coup un gros cube de pierre jaune qu'ornent des bas-reliefs rongés par le temps. J'ai compris enfin. C'est donc là qu'on l'a mis, qu'on l'a laissé, qu'on l'a abandonné. Je touche de mes doigts les barreaux brûlants. Une énorme tristesse m'envahit. Ce qui reste de Poe est de l'autre côté de cette grille. Peut-on dire qu'il y dorme? Dur est le sommeil des morts. A tout ce vacarme et cette vulgarité, quel mépris oppose à présent l'homme dont « chaque serpent tordait la bouche excepté le rire »... A ce moment, une femme s'approche de nous : elle a vu que nous regardions; c'est une femme du peuple. « Vous êtes peut-être de la famille? demande-t-elle. – Non. – Ah! fait-elle, alors, vous êtes des touristes. » Et elle ajoute aussitôt : « Ce qu'il a pu boire, çui-là! Un jour on l'a trouvé dans un ruisseau d'une des rues d'ici. » Elle pose une main rude sur le bras de ma cousine et lui dit familièrement : « Mais, ma vieille *(sister)*, on raconte tant de choses... »

« Allons-nous-en, ma cousine, voulez-vous! » Quant à ma gerbe, je n'y songe plus. C'est à Poe que je veux songer. Quelques semaines avant ce pèlerinage, je me promenais sous les grands arbres de l'Université dont quelques-uns pouvaient se souvenir du poète. Du temps que j'y étudiais, Poe n'était pas, à l'Université, le fantôme qu'il est devenu ailleurs. On se montrait sinon sa chambre, du moins la porte de sa chambre comme si cette porte dût s'ouvrir et livrer passage au garçon ténébreux qui gardait pour nous le prestige du génie et de la beauté, et aussi le prestige de l'indiscipline, car il jouissait d'une mauvaise réputation qui lui faisait une auréole bizarre. Depuis, je le sais bien, des candidats professeurs ont écrit des thèses aux fins d'établir qu'il ne fut jamais chassé de l'Université pour avoir trop bu, mais sa légende est apparemment plus solide que la documentation de ces messieurs. Comme tous les personnages de légende, il a ses énigmes et disparaît à tout moment de sa vie dans une ombre impénétrable. Nous aimions ce dédain; il nous plaisait que cet étudiant opposât un hautain silence aux questions impertinentes de ses biographes. Pour nous, il demeurait l'aîné, le grand camarade taciturne, il était à nous plus qu'au reste du monde. Je me souviens de mon émotion le jour où, pour la première fois, je vis sa chambre, nue comme une cellule de moine, avec le seul ornement d'une cheminée haute et plate, à l'anglaise, peinte en vert sombre. Pas de meubles. Une tradition voulait qu'il les eût brûlés, une nuit d'hiver, pour se chauffer. Quelques années après que j'eus quitté l'Université pour revenir en France, une clef de cette chambre me fut offerte en souvenir et je puis entrer comme je veux chez le prince du mystère! C'est même un des très rares privilèges qui m'auront été accordés en ce monde, d'aller en Amérique et de pousser comme cela me chante la porte d'Edgar Poe, et c'est un privilège auquel je tiens.

Que voyait-il en quittant sa chambre? A cause d'un de ses poèmes, tout plein pour moi de souvenirs de là-bas, je me le figure soufflant sa lampe et fermant sa porte derrière lui. Voici qu'il avance de quelques pas sous la colonnade : aucune lumière ne vient des lanternes que les étudiants, selon un usage vénérable, ont cassées à coups de pierres, mais la lune de printemps brille dans le ciel noir, et les petites colonnes doriques d'une blancheur d'argent ont à leur pied chacune la même colonne dessinée d'un gros trait d'encre. Que de parfums dans l'ombre tiède! Il y a, tout près, des grappes de glycines qui embaument. Deux ou trois pas encore et le voilà sur la longue pelouse qui s'étend devant la bibliothèque dont la silhouette énorme se dessine sur un fond d'étoiles. Les grands piliers de marbre blanc à chapiteaux frisés luisent d'un éclat presque naturel, comme s'ils étaient faits d'une matière inconnue et qu'à l'égal de la neige ils renvoyaient la lumière. Le jeune homme lève la tête vers le ciel, et le ciel n'est pas plus profond que le regard de ces yeux admirables qui voyagent à travers les astres. Peut-être l'intuition d'un grand destin se mêle-t-elle dans le cerveau du poète à tous ces rêves de la vingtième année. Il entrouvre les lèvres, on dirait qu'il parle tout seul. Comme les battements de son cœur s'accordent bien, en cette minute, à ceux de toute la jeunesse du monde!

« A minuit, au mois de juin, je me tiens debout sous la lune mystique... » Debout dans cette herbe qui sent bon et que nous avons foulée après lui, c'est là que je le retrouve, parmi toutes ces colonnes et tous ces grands arbres qui chuchotent dans la nuit américaine.

Genève

Genève est une ville bleu et argent. Argent! On pourrait sourire; les banques étalent leur nom en arabe, et cela ressemble à l'orthographe d'un mal de tête, mais les Aspirines du Rhône sont là pour tout effacer. Cependant, Genève est pour moi une ville de l'amitié : Albert Béguin, les Barbey, Jacques Chenevière, Denis de Rougemont, nos amis de Cologny et ceux de Vendeuvre, Mary, et maintenant ma plus ancienne amie, la dernière amie du monde évanoui du milieu des années 20, ma chère Fifi dont le nom lui-même sort d'un conte de Perrault : baronne de Fé.

Genève, ville de contrastes, glaciale comme le Rhône l'hiver, est d'une chaleur écrasante aujourd'hui, en plein mois d'août. Le lac d'un bleu d'ardoise, l'herbe jaune. En contrebas de notre villa, la villa Diodati dont le grand toit semble posé au bout de la pelouse. C'est là-bas que ce gros fat qui empestait le cigare écrivait ses tristes vers de *Childe Harold.* Comme il me déplaît et comme il m'attire à la fois! Ses contradictions... Il y avait en lui un Wilde en puissance. Ses goûts dont on parle assez peu, sauf Quennell, sa graisse, ce quelque chose de voluptueux et de féminin dans son aspect physique, le sens qu'il avait du christianisme et, en plus, le sentiment d'un échec sur le plan spirituel. Il me paraît infiniment supérieur à son œuvre par l'intelligence. Comme il l'eût méprisée, s'il avait été capable de la voir dans toute sa médiocrité. Mais il y a son Journal qui le sauve et je n'oublie pas que j'ai été séduit par certains de ses poèmes dans ma jeunesse, comme bien des jeunes gens. Alors, pitié pour Lord Byron!

Il y a un certain charme dans les vieilles rues autour de la cathédrale, la rue du Vieux-Collège, en particulier. Croisé des jeunes gens, garçons et filles qui m'ont paru magnifiquement beaux dans la lumière d'août. Comment mêler le péché à l'admiration? Nous sommes spirituellement de pauvres infirmes qui nous traînons dans le soleil de Dieu en blasphémant son œuvre au nom de la vertu et de la religion. Mais il y a en nous, quelque part dans l'âme, la marque du Créateur...

Quittant Paris, j'avais croisé sur le quai de la gare de Lyon la délégation vietnamienne. Tout cela étrangement cruel à mes yeux et en même temps vrai d'une façon terrible. Très longue promenade solitaire dans Genève. J'ai marché jusqu'à en tomber de fatigue, sans pouvoir entrer dans un café. S'il y a une raison à cela, je ne la connais pas. L'horreur d'avoir à parler à quelqu'un est chez moi si grande à certains moments que je ne puis la surmonter. La chute de Diên Biên Phu a consterné tout le monde, bien qu'on s'y attendît, et les délégations réunies autour d'un tapis vert ont l'air de jouer à un jeu nouveau chaque jour. Les Chinois à Genève, l'Asie est en Europe désormais, cela m'étonnerait qu'elle s'en aille. Les têtes de pont sont solides, la solide flexibilité des ponts de liane, et l'Europe est envahie de courbettes et de sourires aussi effilés que des yatagans...

Entre Genève et Lausanne, en fin de journée, au-dessus de Rolle, nous nous sommes promenés à travers champs dans un paysage de Terre promise. Le soleil était tiède, les ombres s'allongeaient, les verts devenaient plus profonds. Au loin, le lac dans une lumière laiteuse. Impression de douceur, d'étendue, presque d'infini, de grande paix. Les neiges lointaines ont l'air de s'évanouir dans le bleu presque blanc du ciel. Je connais des paysages plus tragiques – les Dolomites, le Grand Cañon, le Spitzberg, l'Écosse –, je n'en connais pas d'une sérénité plus profondément émouvante.

Une Genevoise me disait que nous comprendrions mieux l'Évangile si nous étions des Orientaux, car c'est un livre oriental. Si nous étions des Orientaux, nous transporterions sans difficulté cette maison où je suis au beau milieu du lac de Genève! Il y a du vrai.

Il est quasi impossible de trouver un exemplaire de Calvin à Genève. (Cependant nous avions fait le tour des pasteurs.) On croit ce qu'il dit sur la foi de sa réputation. On n'y va pas voir de si près. Quant aux catholiques, il va de soi qu'ils lèveraient les bras au ciel si on leur proposait de lire *L'Institution* où ils trouveraient des vérités qu'ils ne pourraient mettre en doute cependant, sans tomber dans l'hérésie. Tout cela est triste, et je pense que l'union des Églises chrétiennes ne se fera pas de si tôt. Mme Barbey m'a procuré un exemplaire de *L'Institution chrétienne* et j'ai pu en lire quelques chapitres, les premiers du livre, qui font très grande impression. L'idée que l'auteur se forme de Dieu est si haute et si belle qu'elle ne rend que plus incompréhensibles les conclusions auxquelles il arrive par la suite. Si la fleur du génie humain est sujette à de tels écarts, que dire du reste? On demeure étonné devant certaines phrases qui semblent manifestement inspirées et le ton est d'une élévation telle qu'on ne l'a jamais dépassée. Sans doute, il y a la magie de la langue – une langue encore un peu raide, d'une saveur admirable pourtant –, mais on trouve dans ces pages un sens de la religion qui ne peut tromper, un accent, une foi, quelque chose qui transporte et dont on ne peut supposer qu'il vienne ailleurs que de Dieu.

Au musée, je regarde par la fenêtre. Derrière moi, il y a les tableaux, mais je n'y ai jeté qu'un coup d'œil aujourd'hui. Je ne veux pas les voir, car la ville – comme c'est le cas de toutes les villes et de tous les paysages – se mettra à ressembler à ce que j'aurai regardé sur les murs. Alors je suis au musée pour regarder par la fenêtre ce que les personnages des tableaux derrière moi peuvent apercevoir de la vie au-dehors et du ciel bleu où cet après-midi courent de gros nuages blancs, comme des lambeaux de neige détachés des Alpes proches et lointaines... Des promeneurs passent, deux d'entre eux montent les marches du musée et ils semblent détachés soudain du paysage.

Hier dans une des grandes rues de la ville basse, un jeune paysan en chemise à carreaux rouges et en culotte de cuir, et sur la tête un petit calot vermeil. Je crois n'avoir jamais vu de visage plus farouche. Ses yeux bleus, son air à la fois sauvage et colère lui donnaient une certaine beauté. Dans la foule morne et indifférente, il faisait songer à un animal échappé de ses montagnes. Il refusait le monde moderne, celui des montres de précision et des horaires d'avions, de bateaux ou de rendez-vous d'affaires, avec un mépris éclatant.

Les dernières heures dans la maison de Cologny, le silence, le soleil dans les pièces qu'on va quitter, où l'on a été heureux. J'étais seul, j'ai regardé autour de moi. La maison semblait me dire : « Reste. » Je puis dire que je n'ai jamais quitté Genève sans regret.

Dublin

Ce que je vois par la fenêtre me fait beaucoup penser à la Virginie : maisons de brique assez basses, un étage ou deux parfois.

Nous sommes allés voir le Newman House, aux grandes allées décorées dans le goût du XVIIIe siècle anglais. On rêve dans ces lieux pleins du souvenir de Newman et de Hopkins. A côté, l'église romane 1840, lourde et touchante, qui se veut un peu byzantine. Notre ami John Broderick m'a fait monter dans la chaire où Newman a prêché.

Le soir, Éric et Broderick vont un instant dans un pub d'artistes; j'aime mieux les attendre dans la rue. Sort au bout de cinq minutes un poète étique, ivre et presque muet qui dit mon nom avec émotion. Il s'agit d'un poète très écouté, paraît-il, et qui m'aime beaucoup. Compliments et embrassades. Il est tuberculeux, dipsomane, catholique, perdu, me dit Broderick. Voilà l'exagération irlandaise. Rien n'est vrai – je le saurai plus tard –, si ce n'est que c'est un bon poète. Partout le souvenir de Joyce, de Synge, de Yeats et de Shaw. On me parle de De Valera, quatre-vingt-quatorze ans et aveugle. Son rêve de jadis : à chaque Irlandais sa maison, son jardin et sa vache, porridge, messe quotidienne, gaélique parlé par tous, on dansera au croisement des routes, tous séparés du monde industriel moderne dans un paradis celtique. Aujourd'hui on lui cache les nouvelles, à cet aveugle!

Dans la rue des gens insouciants, rieurs, aimables, blagueurs, toujours polis, tout le monde se parle. Au vestiaire du Musée national, un gardien a rendu à Éric son manteau en lui disant que c'était un beau vêtement, tout cela avec bonhomie et familiarité.

Le matin, à Killisney Bay, un des plus beaux endroits du monde, le plus beau, disait Shaw. Le doux murmure égal de la mer, les collines gris-bleu pâle aux couleurs sans cesse changeantes, l'air pur. Plus tard dans les jardins du Royal Marines Hotel où les prêtres âgés venaient jadis se refaire une santé. Il y a de vastes pelouses ombragées d'arbres immenses et des merles partout. Une pie vole près de nous et Broderick pousse un cri : « Une pie, du chagrin; deux pies, de la joie, etc. Une pie, un malheur nous menace! » Il se lève et presque au même instant le vieux banc sur lequel nous sommes assis s'effondre.

Broderick, qui marche comme un sénateur, s'arrête tous les trois pas pour filer l'anecdote, ce qui fait une conversation intéressante et une promenade impossible. Ainsi j'aurai visité Trinity College avec l'impression d'y avoir passé toute une vie.

Visite à Michael Mac Liàmmoir, écrivain, acteur et décorateur, ami de Yeats. Souffrant, il est touché que je sois venu et, après une courte halte dans un salon encombré de meubles, me reçoit dans une petite chambre qui donne de plain-pied sur un fouillis d'arbustes brillant au soleil. Dans un coin un paravent doré. Sur une chaise un gramophone. Il porte une large robe de chambre en soie rouge sombre à ramages qui l'enveloppe tout juste et me récite d'une voix vibrante le texte du soulèvement de 1922, puis me demande de lui parler de Colette. Une énorme gentillesse vient de ses yeux myopes et l'on aime tout de suite cet homme et son désordre généreux.

Plus tard, seul avec Éric, nous pouvons marcher librement sur les quais de la Liffey. La Douane reconstruite mire sa coupole classique dans les eaux grises et, plus loin, les docks ont l'air de se fondre dans un paysage plat que rien ne distingue plus du ciel crépusculaire.

Juin 1982. Arc-et-Senans. Les Salines de Chaux. Cette fois le rêve de l'architecte.

Arc-et-Senans

Le début de ce siècle a été bien coupable; je n'en veux pour preuve que l'histoire des Salines de Chaux. On traverse la forêt de la Belle au bois dormant, car il s'agit de cela. Les bâtiments étaient en ruine, on en avait fait sauter une partie à la dynamite, on se servait des pierres comme d'une carrière, et une des merveilles de la France allait bientôt devenir un nom dans un livre d'architecture et peut-être un lieu-dit sur les cartes. Ce qu'on a pu sauver témoigne désormais du génie de Ledoux, ce visionnaire dont peu à peu on a massacré les chefs-d'œuvre, à Paris d'abord, pour finir par la honteuse reconstruction du théâtre de Besançon, conçu comme un œil et une oreille et qu'un incendie trop bien venu a fait remplacer par une de ces horreurs à la mode.

A Arc-et-Senans, il avait imaginé et prévu une ville à la Proudhon, un microcosme de société se suffisant à lui-même; tout était prévu, le travail et les loisirs, et, comme il s'agissait d'exploiter les eaux chargées de sel, la décoration est faite seulement de stalactites et d'eaux pétrifiées. Ledoux inventa une nouvelle colonne dont le fût est coupé de blocs carrés, ce qui fait songer à la Grèce d'Hölderlin, un pays n'existant que dans la tête d'un créateur. L'ensemble est grandiose, mais, comme tout rêve, cette cité idéale est restée inachevée.

La ville devait être de forme circulaire avec pour centre les salines elles-mêmes : deux bâtiments du sel et la maison du directeur. Passée l'entrée monumentale s'ouvrant sur un décor de rochers, on est saisi par l'image qu'éveillent en vous ces bâtiments déserts, comme s'il fallait ce vide pour nous faire voir ce qu'aurait pu devenir le songe de l'architecte.

Falun

Falun est un grand trou dans la terre. On a commencé à le creuser vers 850 et qu'est-ce qu'on y trouve? De la pyrite, du fer, du cuivre, de l'or peut-être. Nous prenons des tickets dans une cabine et on nous donne un casque rouge et un imperméable jaune. Ainsi déguisés nous descendons par un ascenseur à une profondeur de plusieurs dizaines de mètres. Commence alors la vision étrange. Des galeries qu'il faut prendre sans jamais quitter le guide – une charmante demoiselle aux cheveux de lin –, car il y a ici de redoutables labyrinthes, et nous voilà dans une grotte cyclopéenne dont les voûtes se perdent dans la nuit. Les parois rocheuses sont rouges ou noires, mais cette grotte où nous sommes n'est rien comparée aux suivantes. L'idée de l'enfer virgilien hante l'esprit. On se demande ce qui se passerait si l'on se perdait là. Par un puits d'où tombe de la lumière, les hommes arrivaient jadis jusqu'au palier voulu, se tenant debout sur les rebords d'un seau accroché à une corde en peau de bœuf. Le seau n'était pas bien grand et les hommes au nombre de sept.

Quand tout le monde se tait, le silence est écrasant : on n'en connaît pas de semblable là-haut. Il n'est pas total cependant. Le glissement d'un filet d'eau quelque part au fond d'un abîme se fait bientôt remarquer, ce n'est pas grand-chose, mais, nous dit notre guide, c'est ce qui rend le silence supportable. Y a-t-il eu ici des accidents ou des drames? Sans doute. Des hommes ont basculé dans des trous sans fond. Les étages de cavernes se superposent selon un désordre que connaissent tous les mineurs. Pour faciliter le brisement des roches, on a fait de tout temps brûler des troncs d'arbres. Parfois un incendie se déclare. L'un d'eux n'a pas duré moins de vingt ans.

Falun est le trésor de la Suède. L'exploitation en remonte à dix siècles en arrière et l'on n'en voit pas la fin. En remontant, Éric nous parle des mines de Wielicza, en Silésie, où les ouvriers ont construit une cathédrale dans le sel. Les parois en sont translucides et l'autel paraît être en albâtre. La petite ville de Falun, elle non plus, ne paraît pas se douter de ce qu'elle cache sous elle. Et c'est avec joie que je revois le soleil.

Clava me fait penser à Falun car là aussi il s'agit d'une civilisation de la terre.

Octobre 1978. L'Escurial. Un monarque fait bâtir un palais tout entier pour y réfléchir sur le néant du monde.

L'Escurial

Je me sens parfaitement incapable de parler comme il le faudrait de l'énorme masse de pierre qu'est l'Escurial. Il demeure à mes yeux comme un mystère indéchiffrable. A côté de lui, Versailles fait l'effet d'une fastueuse maison des champs. Je me demande si l'ambition humaine s'est jamais exprimée avec une telle certitude d'avoir raison. Parler d'orgueil paraît mesquin, je ne sais pourquoi. Tout ce qu'il y a de fierté dans l'homme s'est manifesté dans ce monstrueux édifice, monstrueux par ses proportions comme dans son écrasante majesté. La nudité de tout cela est extrême, il y a un dédain royal d'une ornementation que des souverains de moindre envergure eussent répandue à profusion. Mais où est-on exactement? Dans un palais, une prison ou un couvent? Quel être étrange a choisi les murailles blanches et les galeries qui s'allongent comme des tunnels pour y loger quoi? Son âme et son destin...

Après plusieurs minutes de marche – et de marches –, on arrive à une salle démesurée, tout en longueur, au milieu de laquelle, sous un baldaquin rouge, se voit un siège modeste qui ressemble à un pliant doré, et c'est le trône du roi. C'est là que j'ai appris l'élection du pape Jean-Paul II. La chambre à coucher est petite, mais lourds et riches les rideaux du lit. Dans une pièce voisine, des peintures, mais quoi, des peintures il y en a des centaines, car ce roi mystérieux, hanté de religion, est fou de peinture. Des copies remplacent certaines peintures originales qu'il n'a pu se procurer, tout roi qu'il est. Son goût est d'un éclectisme rare : le Greco, Bosch, Van der Weyden. Ces trois-là effacent tout le reste à mes yeux. C'est le refuge de la foi dans l'immense demeure où rôde un grand rêve mariant la métaphysique et la passion du pouvoir.

Toute la ville, San Lorenzo del Escorial, est construite autour et pour ce palais qu'une esplanade de pierre nue, sans autre ornement qu'un petit mur bas, sépare des mortels.

Nous allons déjeuner dans une auberge où l'escalier gigantesque monte autour d'un patio recouvert sur trois étages et, à chacun de ceux-ci, des salles à manger, dont les tables ont des nappes à carreaux blancs et rouges. Les murs épais blanchis à la chaux font irrésistiblement songer à un roman picaresque; on s'attend à tout moment à voir Gil Blas entrer en coup de vent et jeter son chapeau à plumes sur une chaise.

Dans la bibliothèque de l'Escurial, le manuscrit du *Chemin de la perfection* de sainte Thérèse d'Avila. L'écriture est belle, mais à peu près illisible, et, comme la sainte écrivait avec son cahier sur les genoux, il se balançait parfois de côté et d'autre et les lignes chaviraient, mais combien me paraît émouvant ce gribouillis. Également un parchemin calligraphié, assure-t-on, de la main de saint Augustin. J'ai regardé ces choses comme dans un rêve, mais n'ai-je pas tout regardé comme dans un rêve depuis que je suis au monde?

Oublierais-je de dire que nous sommes allés dans les jardins et dans celui de la maison du Prince, avec son labyrinthe de buis funèbres, et que surtout nous sommes descendus chez les morts?

On descend, on nous ouvre une porte de marbre de Tolède et un nouvel escalier nous invite à aller plus bas. Voici d'abord le Pourrissoir où l'on fourrait les corps pour les sécher dans des niches de plâtre avant d'être mis dans leur tombeau définitif. La mort ici n'était pas simple. L'endroit est d'un blanc sale à la lumière crue d'une ampoule et c'est ici que Saint-Simon a vu le trou de chaux où on avait oublié Don Carlos qui n'avait pas sa place parmi les rois.

Le Panthéon des Rois est une boîte de jaspe et de porphyre qui ne rend pas les cercueils de marbre noir moins sinistres. Les autres Panthéons, celui des enfants, celui des reines, ressemblent à des galeries d'exposition. Les marbres blancs y baignent dans une lumière de cave, blanchâtre et froide. Les rêves de Philippe II avaient une autre allure!

Yuste

Nous voici à Yuste à la tombée du jour. A côté du couvent des Hiéronymites, le palais mortuaire – quel autre nom lui donner? –, l'endroit choisi par Philippe II pour y installer son père et la mort, m'a paru l'un des recoins les plus noirs de l'épouvante. Jamais le sentiment ne vous quitte que Charles Quint est bien venu là pour inviter la mort à passer le voir dans ce robuste manoir, face à l'un des plus beaux paysages du monde, et il l'a reçue comme une souveraine. Autour du lit où il agonisera pendant un an, il a fait tendre aux murs, en l'honneur de la visiteuse, de lourdes draperies funèbres. Le petit fauteuil mécanique est en lui-même une horreur et ferait penser à une machine à torturer. On ne regarde pas non plus sans malaise l'espèce de berceau funèbre dans lequel on transportait le vieux monarque quand il fit le voyage de Madrid à Yuste.

Il demanda que l'on dît pour lui des messes pendant mille ans. A ce compte-là on en dirait encore en l'an 2558. Ce personnage atroce et fascinant, il semble qu'il soit resté quelque chose de sa personnalité dans ces pièces qu'envahit l'ombre. Je m'en vais sans aucun regret de ne pouvoir prolonger ma visite. Le lieu est cependant si singulier qu'on ne le quitte pas aussi facilement qu'on le voudrait et comme si l'on effaçait de son esprit les derniers lambeaux d'un mauvais rêve. On est suivi par le souvenir de ce château de la mort.

Charmante, la belle allée d'eucalyptus qui mène au couvent des moines. Là, rien de sinistre à mes yeux du moins, mais, ce qui me revient à la mémoire, c'est le petit balcon d'où l'empereur pouvait contempler à ses pieds, en bas dans les jardins, bordé de pierre, un étang aux eaux noires, pareil à un miroir où le ciel ne se reflétait pas. On me dira qu'il n'y a là que l'impression d'un moment, mais elle était forte. Comment ne pas songer aussi que c'est dans l'église qu'en avant-première l'empereur assista à ses propres obsèques. Je sens bien que je n'aurais qu'à fermer les yeux au nom de Yuste pour revoir le petit enclos qui précède le palais, la muraille où les briques dessinent des losanges, et les morceaux d'horizon aperçus à travers les arbres que les ombres du crépuscule commencent à noyer dans un ciel verdâtre.

A Oropesa, à une trentaine de kilomètres, nous logeons dans le grand château du Moyen Age, d'aspect redoutable. J'ai une chambre immense aux parois d'un blanc de neige. De mes fenêtres, je vois une énorme tour carrée aux angles de laquelle s'accrochent quatre tourelles en échauguette. Tout n'est que tours et fortifications dans ce coin de l'Espagne. Le village n'échappe pas à cette sorte d'obsession. De grosses tours rondes bordent de loin en loin les ruelles de ce qu'on hésite à appeler un village. Partout l'idée fixe de se défendre et de se battre. Des murs à barbacanes, des bastions à poivrières, tout ce qu'il faut pour bien arraisonner une attaque. De la grandeur dans tout cela. Nous sommes dans une forteresse qui n'en finit pas, comme le rêve de Don Quichotte devenu conquistador. Rien ne sourit.

Trujillo

Dans ce qui est pour moi la plus belle région d'Espagne, il faut mériter par des routes interminables et fatigantes les petites cités des conquistadores : Medellin, Oropesa, Caceres, Zafra. Aujourd'hui, c'est Trujillo. L'extrême beauté de cette ville est en soi une récompense. La Plaza Mayor, vaste et de forme irrégulière, a plus de charme et moins d'austérité que celle de Madrid. Les maisons de hauteurs différentes, toutes jolies, en font un lieu de bonheur, au bout du monde. Plusieurs montrent à leur angle des blasons orgueilleux. Le palais de la Conquista fut élevé pour Pizarro avec les revenus qu'il tirait du Pérou et sur ses armes il a mis des rois enchaînés. Des colonnes encadrent le balcon et, pour être sûr de rester présent, l'homme de guerre a fait placer son buste et celui de la princesse inca qu'il a épousée sur la façade. La statue en bronze verdi du conquistador, sur l'esplanade de l'église, est de 1927, œuvre d'un Américain et de sa femme, ce qui est piquant. Piquants aussi le heaume du cavalier et l'armure du cheval. Toute cette ferraille à l'air fort méchante donne à Francisco Pizarro l'aspect d'un crustacé en route pour la bataille. Derrière, très haut, très énorme, tout rose dans la lumière, un redoutable château fort aux créneaux innombrables.

Il faut aller là-haut voir tout cela sous un soleil épouvantable, mais je suis toujours content de m'instruire et ne dis jamais non. L'auto nous mène à travers des rues étroites, très propres, fraîches comme des ruisseaux. Arrivés enfin aussi haut que peut monter la voiture, je vais avec Éric dans la cour du château, nue avec un seul escalier montant droit vers la denture des créneaux qui mordent le ciel, et là règne un silence extraordinaire, tout ce qui reste d'une agitation d'hommes d'armes et de serviteurs. On peut imaginer les voix, les cris, les rires, le pas des soldats, et le silence qui succède à tout cela est d'autant plus saisissant. Nous faisons le tour des remparts, où l'on entend le croassement des corbeaux au-dessus de deux grosses tours arabes qu'on a laissées en place au milieu des autres tours cylindriques et qui gardent leurs portes en ogive. L'ensemble produit un effet étonnant de force et d'orgueil, et de puissance massive.

En redescendant nous passons devant palais après palais, car, depuis les Pizarro, tous ceux qui sont revenus de la Conquête portaient en eux le désir effréné de paraître. L'or du Pérou et les pierres précieuses du Mexique se muèrent en demeures seigneuriales. Dans la ville haute, l'église romane de Santiago, obscure, gigantesque, renferme des tombes de conquérants sous des dalles où il ne reste plus rien à lire. Parmi ceux-ci, dit-on, Francisco de Orellana, qui baptisa l'Amazone par erreur, car il y fut attaqué par ce qu'il prit pour des femmes et qui étaient des Indiens à cheveux longs. Sur la plaza, comme le soleil décroît, l'ombre de la statue de Pizarro occupe une place énorme.

Octobre 1978. Trujillo. Le soleil plus brutal que mille chevaliers.

Octobre 1978. Sur les remparts de Ségovie, le vent le plus froid de ma vie. →

Octobre 1978. Mérida. Seul le clair de lune peut redonner vie à ces gradins silencieux (photo au fish-eye).

Mérida

Ma chambre s'ouvre sur un patio assombri de fleurs, car le soleil d'octobre dévore tout au-dehors et il faut attendre que la chaleur tombe dans l'après-midi pour quitter ce refuge et aller au théâtre romain, par des rues vides. Une colline entière a été creusée et l'espace qu'occupaient théâtre et amphithéâtre est aussi vaste que le Forum romain. Le théâtre est dans un état étonnant. Derrière les colonnes aux chapiteaux ornés, composites, blanches comme neige, le mur ocre du fond est presque intact et renvoie les paroles françaises ou espagnoles avec la même conscience qu'il réverbérait sur la foule les phrases latines ou les inflexions lusitaniennes. Quels rires ont explosé sous des cieux d'un bleu aussi intense que celui d'aujourd'hui? Jouait-on Plaute ici ou des atellanes où la jeunesse libre et masquée pouvait se défouler à sa guise? Sous quelles étoiles différentes et indifférentes le silence et la lune ont-ils marché sur ces gradins, après les jeux et après la chute de l'Empire?

On voit à peu près ce qu'ont vu les généraux de Rome et la foule de six mille personnes que pouvait contenir chaque représentation. Des loges, il ne reste que des pans de murs, et, derrière le portique aux colonnes nues qui ne soutiennent plus que l'air, quelques maisons sont debout à hauteur d'homme, où se reconnaît la place du foyer. Sur la longue scène, longue et large, quelques statues de personnages en toge, pareils à des acteurs oubliés là, attendant une réplique que la mort n'a pas donnée.

A côté, l'amphithéâtre est plus gigantesque, si le décor est plus simple. Là, quatorze mille excités pouvaient assister à la lutte et à la mise à mort des bêtes et des hommes. Plus loin, aux portes de la ville actuelle, l'hippodrome qui couvrait trente mille mètres carrés et où trente mille spectateurs regardaient les courses et pariaient sur les vainqueurs comme à Constantinople. La gloire d'une cité tenait alors dans l'organisation de ses plaisirs, ainsi la foule restait sage qu'on amusait bien. Il y aurait beaucoup à glaner dans cette vision philosophique d'une certaine politique, à l'heure où le chômage s'étend, comme autrefois, à Rome, les tentacules de l'argent avaient poussé le parasitisme et l'esclavage jusqu'aux confins d'un monde dit barbare.

De là, sur le pont romain. Il franchit le rio Guadiana de ses soixante arches. Interminable, il tient merveilleusement depuis presque deux mille ans. Cette façon de défier l'avenir m'étonne, je l'avoue. Bâtir pour l'éternité, les Romains y ont presque réussi alors que nos misérables constructions modernes s'effondreront la plupart, je l'espère, dans un ou deux lustres. Le long crépuscule orangé se reflète dans les eaux du fleuve, coupé d'îles, et coule sous les arches. Dominant les rives, l'Alcazaba renferme une citerne souterraine où la fraîcheur vous atteint comme un coup de poing. Un escalier arabe nous conduit jusqu'à l'eau noire. Une lumière douteuse tombe d'en haut par des ouvertures encombrées de fleurs étoilées.

Les fleuves sont magnifiques avec leurs îles d'herbe au long des berges, comme à Cordoue, ou des buissons d'herbes folles surgies des bancs de sable, comme ici et comme en Estrémadure. Sur cette terre *ces chemins qui marchent* m'ont apporté souvent un sentiment d'éternité.

Au musée, quelques statues romaines d'une perfection lassante, mais quelques têtes de matrones d'un réalisme à la Rodin. Une très curieuse statue de jeune homme enlacé de la tête aux pieds par un serpent, image de la jeunesse proie du Temps, qui la ligote et la détruit, sans doute un vestige du culte de Mithra. Finalement on se prend à refuser la surabondance de tout ce qui s'offre à nos yeux. Notre mémoire devient un capharnaüm. De ces statues fort belles quoique formelles, on ne retient que l'aspect le plus décevant, leur rôle érotique. Mais les portraits d'une vérité cruelle vous happent; la mégère, la chipie, la mauvaise langue, l'avare, le faux bonhomme, tous sont là, même si ce sont des impératrices ou des mères d'empereurs. Il y a un très beau portrait d'Auguste coiffé comme les prêtres d'une étoffe pliée qui lui pend de chaque côté de la tête, et l'inévitable joli garçon qui prend de l'embonpoint. C'est Mercure : sans doute a-t-il remisé ses ailes et trop banqueté avec les autres dieux ou trop dormi pour rêver à ses malices! Que je me sens loin de ce monde de marbre si vivant cependant et si humain, mais si difficile à comprendre pour quelqu'un de mon temps et de ma nature. Je me sens autre. Jadis, quand j'avais vingt ans, il m'eût fasciné...

Chaque ville a son mystère et celles où la lumière ne laisse aucune ombre ne sont pas les moins étranges. Il existe des fantômes du plein soleil. A Mérida, le monde antique surgit de partout, de l'aqueduc au temple de Mithra, même si on a bâti au-dessus église ou arènes, mais il y a plus, il y a comme dans bien des villes cette nécropole que partout dans le monde on baptise musée. Là, les fantômes sont à l'affût.

Mérida. Le pont romain.

Novembre 1978. Alcalá de Henares. Le patio «italien» de l'université.

Alcalá de Henares

C'est là qu'est née Catherine d'Aragon, seule femme légitime de Barbe-Bleue, j'ai nommé Henry VIII. Mère de Mary Tudor, cette ascendance explique l'amour fou de cette dernière pour son mari espagnol, le futur Philippe II. Quand ils durent se séparer à la mort de Charles Quint, la reine fut inconsolable, mais à ce moment-là elle ne savait pas encore que pour rester roi d'Angleterre, elle une fois morte, Philippe méditait de se remarier avec sa belle-sœur Élisabeth. Celle-ci déclina l'offre.

C'est dans l'hostellerie des Étudiants que Cervantès a situé l'histoire du licencié de verre avec lequel je me sens des affinités dans la vie courante. Partout des collèges aussi beaux qu'à Salamanque, mais plus souriants. Plus de gaieté et plus de jeunesse dans les patios qui sont de vrais jardins et non seulement un parterre de gazon comme le cloître des Escuelas Minores de Salamanque ou certains quadrangles de Cambridge. Inconsciemment, la beauté du décor agit sur l'esprit de l'étudiant et favorise avec le goût du savoir l'épanouissement de l'être intérieur. Ce qu'il voit autour de lui, il le retrouve d'une autre façon dans les livres. Tant d'idées ont voyagé entre ces murs que le plus paresseux finit par en absorber quelque chose.

Dans *Pablo de Ségovie*, Quevedo s'est moqué des mœurs grossières et de l'ignorance des étudiants d'Alcalá, ce qui ne l'avait pas empêché d'être un des plus brillants bacheliers d'Espagne, ni de passer par la suite quatre ans dans le fond d'une forteresse d'où nous parviennent encore ses cris :

> Tout est prison dans notre monde,
> Tout est prison et peine
> Notre argent se trouve en prison
> Dans la bourse qui le referme...

*Deuxième patio de l'université de Alcalá de Henares.
Le soleil était si fort que les ombres
ressemblaient à celles du clair de lune.*

... La mer a pour prison la rive,
Et tout en haut le firmament
Pour le ciel qui nous environne
Est une prison de cristal.

A la porte de l'université, on nous fait difficulté pour nous laisser entrer, mais un prêtre qui se trouvait là par hasard, nous entendant parler français, s'offre aussitôt à nous montrer tout ce que nous voulons voir. Toutes les portes s'ouvrent. La cour de l'université avec ses trois étages est très italianisante et les petits obélisques qui surmontent la dernière galerie donnent au toit une légèreté toscane. Dans une des cours, deux cyprès, en plein soleil, ont l'air d'un morceau de nuit emprisonné là et on s'attendrait au chant d'un rossignol, car le soleil est si fort qu'il découpe les ombres avec la même mystérieuse intensité qu'une pleine lune. La tombe du cardinal Ximénès, dans l'église, est digne d'un roi. Pendant la guerre civile, la nef servit d'hôpital, car les Rouges tenaient Madrid et toute la région. « J'en sais quelque chose, dit notre guide, j'y étais, j'étais communiste. Depuis je suis devenu curé! On laissait s'échapper des prisonniers, car on n'est jamais d'un seul bloc... » L'église a souffert des bombardements, mais là comme partout d'habiles restaurations ont fait disparaître bien des blessures. « Des moules », nous dit notre aimable curé en nous montrant les moulures des voûtes.

Dans la ville, des portes magnifiques qui durent s'ouvrir sur des collèges, mais d'une de ces portes sortent des jeeps militaires... Les patios sont devenus des cours de caserne.

Lucca

La ville est entièrement fermée par des remparts à la Vauban d'un rose sombre. Mais ils datent en grande partie du XVIe siècle et on a profité des enceintes romaines pour protéger cette petite cité par des murs bas et pleins de recoins, de redoutes et d'angles rasants. Des arbres fort larges et hauts, les ravins d'herbe qui l'isolent font qu'on se promène autour de la ville comme autour d'un autre siècle.

Au temps de Rome s'élevait un amphithéâtre dont l'ovale parfait a été transformé en place du marché. Les maisons qui l'entourent, construites sur les gradins, sont de couleurs assez vives, salies par le temps. C'est la misère qui règne là, mais l'invincible insouciance du pauvre y est aussi dans le linge multicolore qui sèche aux croisées. Le soleil apparaît de temps en temps, les rues étroites étalent leurs ordures comme on exhiberait des entrailles dans une boucherie mal tenue. La porte d'une grande maison en brique est ouverte et nous découvrons un splendide escalier avec des loggias florentines, mais surtout un jardin de statues qui conduit à un nymphée où soudain le temps n'existe plus. Où sommes-nous? En Italie, certes, mais quand?

Nous partons sous la pluie dans les collines boisées qui montent jusqu'à sept cents mètres. Entre les arbres un lac volcanique et toute la plaine striée par la lumière d'un orage, Lucca au loin dans des vapeurs et le Serchio qui serpente et brille par instants comme un orvet...

1970. Lucca. Les escaliers m'ont toujours fasciné, je ne peux m'empêcher d'y faire quelques pas. Immédiatement l'imagination prend le pouvoir, des personnages montent et descendent, j'entends et je «vois» le bruit des pas.

York

Nous marchons sur les interminables remparts larges et trapus, au pied desquels pousse une herbe entretenue avec le soin fanatique de l'Anglais pour les tapis de verdure. Un chemin nous mène confortablement tout le long des créneaux pareils à des couronnes de rois, il ne faut pas moins d'une heure et demie pour faire le tour de la ville ancienne; la vue plonge dans des jardins de delphiniums et de lupins tout autour de petites maisons de brique rose ou brun clair, et me voilà repris du vieux désir de m'installer là aussi, dans cette ville exquise où sommeille agréablement la paix. Est-ce une illusion? Mettons un rêve de voyageur. On me dit qu'il peut faire très froid et qu'il pleut souvent ici, même au printemps. Je sais tout cela, mais qu'importe? S'il me plaît à moi de me recréer sans cesse une vie idéale... Comme eût dit Mallarmé, il y a la tout aimable gratuité de la chose.

Tout est beau dans cette ville aux maisons peintes en tons doux et aux fenêtres si nombreuses qu'elles transforment les façades en murailles de verre. La cathédrale est à couper le souffle, d'autant plus qu'elle donne immédiatement sur la rue et qu'on la voit pour ainsi dire sans recul. Dedans comme dehors, on la dirait faite en ivoire, et les détériorations des protestants qui ont brisé toutes les statues ornant l'extérieur n'ont pas réussi à lui ôter son air de fête, toutes dentelles dehors. Les grosses tours normandes sont coiffées de clochetons qu'on pourrait dire réglementaires. A l'intérieur tout est démesuré, l'œil se fatigue à grimper jusqu'au haut des voûtes. Des étendards pris à des ennemis de nations diverses jettent la seule note de couleur, rouge ou bleue, dans toute cette blancheur. Ici, tout est clair, même les tombes. Les fabriques de York étaient si renommées que, même pendant la guerre civile, les Têtes rondes en prirent soin. Ainsi les verrières ont été sauvées et les vitraux continuent à irradier le moindre rayon de soleil et à le jeter au sol dans une lumière à peine rose.

Mycènes

C'est par une belle fin d'après-midi d'automne que je vois enfin cette ville qui semble sortir de la préhistoire. Après la grandeur barbare de la Grèce classique, voici la forteresse d'une nation féroce. Nous quittons la route pour nous engager bientôt dans un large couloir creusé au sein d'un monticule. A droite, à gauche, les murailles de grosses pierres, d'abord assez basses, montent peu à peu jusqu'à atteindre plusieurs fois la hauteur d'homme; au fond, une ouverture haute et droite m'a tout l'air d'une entrée dans un monde d'obscurité maléfique. Il n'est pas nécessaire de se souvenir de l'*Agamemnon* d'Eschyle pour deviner qu'on pénètre au cœur de la tragédie. Reste juste assez de lumière pour voir que nous sommes sous une voûte en forme de mitre, énorme bonnet qui ne coiffe que de l'ombre et du vide.

Le silence est tel qu'on hésite à le troubler par des chuchotements et il y a dans tout cela quelque chose qui fascine par le malaise et la curiosité qu'il suscite, mais ce n'est encore rien auprès d'une entrée plus basse, parfaitement noire, qui s'ouvre au bas d'un mur. Il existe donc une autre salle où l'on n'a aucune envie de s'aventurer, car là, c'est tout bonnement l'horreur. Un amateur de surnaturel aurait au moins le désir d'y faire quelques pas, moi non, je me tiens sur le seuil de toute cette nuit où se perd le regard. Mais Éric entre et bute contre une auge de pierre en forme de cercueil. L'allumette qu'il gratte ne prend pas, manque absolu d'air. Il ressort, me dit-il, avec une forte impression de présence hostile. On appelle l'ensemble le trésor des Atrides ou la tombe d'Agamemnon, ce qui laisse le choix entre différentes variétés de cauchemars. Le jour tombe. Je me demande, ma vie en dépendrait-elle, si j'aurais l'audace – parlons la langue de ce lieu de terreur –, si je pousserais l'*hybris* jusqu'à coucher là et dormir. Je ne le crois pas. Laissons en paix l'ombre indignée du souverain égorgé. Dehors l'air est frais et la vie paraît d'une douceur exquise à ceux qui peuvent se figurer sortir d'un vestibule de l'Hadès.

Non loin de là, de l'autre côté du vallon, dort la criminelle. Son tombeau n'a pas la majesté de celui de son époux, mais tous deux ont ceci en commun, qui ne laisse pas de faire sourire, c'est que le vaste corridor qui mène, si je puis dire, chez eux aboutit à une haute ouverture semblant vous inviter à entrer. Entrons donc. Aux murs, quelques traces de gonds verdies; les clous des portes étaient d'or, paraît-il. Dans ce carré coiffé d'une manière de coupole, on se voit à peine l'un l'autre, car l'obscurité règne ici comme chez le mari et on pense aux ténèbres palpables qui couvrirent l'Égypte au temps de Moïse. On pense à toutes sortes de choses. Peut-être, pour arriver à les débrouiller, faudrait-il se transporter par l'imagination dans une de ces petites églises chrétiennes de la campagne romaine : entre leurs murs respire une paix divine, alors qu'ici on se sent dans un lieu infernal.

Par une espèce d'arrangement de famille, le complice de la femme à la hache repose un peu plus loin. Égisthe a lui aussi son coin d'enfer avec son corridor et sa porte hospitalière. Je ne connais pas d'endroit sur terre où le souvenir du crime se soit aussi solidement attaché que dans ces trois tombes. Elles ne manquent certes pas de grandeur, mais à la fin du jour, dans une lumière rougeâtre qui hésite, elles sont inquiétantes.

Enfin, dominant ce champ de mort, les vestiges d'une forteresse qui garde encore tout son pouvoir d'intimidation et dont les murs se confondent avec les contreforts de la montagne, si bien qu'il faut être assez près pour distinguer ce qui appartient à l'une et à l'autre. La porte de cette acropole est large et carrée et comme enfoncée dans un repli du bastion. Ces énormes lionnes, aujourd'hui acéphales, mais toujours redoutables, se dressent sur un linteau dont les dimensions monstrueuses surprennent. Par quel moyen, par quelle opération magique, a-t-il pu être hissé là-haut? Les pierres des murailles posent des problèmes semblables. Nous nous trouvons devant une architecture de géants et d'une majesté écrasante. Sommes-nous si loin de la douce Argos? Elle est derrière nous, la Grèce de Pallas Athénê si tranquille dans sa force, avec ses colonnes élégantes et ses dieux lisses au regard vide qui font, vus d'ici, figure de puritains très déshabillés. A Mycènes nous errons dans le domaine de la passion sauvage. Le temps qui adoucit les ruines a laissé à celles-ci leur beauté menaçante, et pour ainsi dire leur air mauvais. Des deux Grèces, c'est la violente que je préfère.

Dans la citadelle, nous montons et descendons des marches. Ici il y avait un palais, là les citernes, là des greniers et au bas d'une rampe un cercle de tombes découvertes par Schliemann. Partout nous marchons sur le territoire de la mort.

Pour aller à la source souterraine, il faut descendre dans le noir. En bas le corridor tourne, vers quelle entrée infernale où l'on perçoit comme la respiration d'une des têtes de Cerbère veillant? Si l'on étudie l'âge des tombes, les savants me diront que celle d'Agamemnon est plus ancienne que le règne de ce roi déjà légendaire et qu'il s'agit sans doute d'un ancêtre, Atrée peut-être, mais nous sommes toujours dans la même famille et les règlements de comptes ne font que changer de titulaires. Agamemnon serait donc enterré dans la même chambre que sa meurtrière. De siècles en siècles, des pillards ont visité ces tombeaux et ont emporté l'or, mais quelle épouvante a dû les suivre? Et j'imagine, à la lueur des torches, le face à face des vivants et de ces ossements couverts de bijoux et l'obscure malédiction qui collait aux biens de ces ombres. Qui sait même si quelques-uns des voleurs ne sont pas morts sur place, d'effroi, et si leur poussière ne s'est pas mêlée à celle du sol?

Thèbes

Solidement installée sur la colline de sa forteresse, Thèbes domine une campagne encore verte, et nous sommes pourtant à la mi-octobre. Cette cité provinciale est rafraîchissante au sortir d'Athènes laide et sale. Ici, les gens ont l'air sain; la réalité paysanne les rapproche du monde antique. De tout ce que nous avions appris de son histoire fameuse, il ne reste rien, si ce n'est une tour franque, la tour Saint-Omer, seul témoin des nombreuses occupations que la Béotie eut à souffrir. Et cependant, Thèbes a enchanté bien des heures de jeunesse, où *L'Orient, la Grèce, Rome* s'ouvre non comme un livre, mais le point de départ de beaucoup de rêves.

Sur cette colline, et près des sources au milieu des champs fertiles, les héros ont travaillé pour les imaginations futures, y compris celle du docteur Freud. Épaminondas, Hercule, Œdipe ont vécu là. Toute la plaine verdoyante nous dit que les dieux gourmands bénissent ses récoltes. Et n'est-ce pas la ville où est né Dionysos? Cela seul nous la ferait chérir.

Dans le musée, il y a des kouroï archaïques. L'un d'eux a le sourire en arc qui relève le coin des lèvres, un sourire moqueur provocant comme on en voit aux Étrusques. Il a l'air de s'amuser de notre admiration et jeter le défi de sa jeunesse à tout notre monde vieillissant, mais l'Antiquité grecque ne paraît pas souvent reconnaître l'existence de l'âge. Elle accorde une barbe à Zeus et lui laisse un corps d'athlète. Le naturalisme lui est contraire.

Après l'horreur grandiose de Mycènes, Thèbes la souriante me donne l'autre visage de ma Grèce imaginaire, celle de Pindare et d'Hésiode, celle des ruches, des eaux et des fruits. *« Si j'étais roi de Béotie... »* me revient en tête et cette couronne d'opérette est bien la seule qui équilibre par un certain bonheur les royautés sinistres.

Istanbul

Entrer à Constantinople par une belle fin d'après-midi d'automne, dans une lumière d'or, je sais bien que ce moment-là se logera dans ma mémoire à tout jamais. Pareil éblouissement ne m'a jamais été donné qu'à Venise, quand je l'ai vue pour la première fois, à dix-sept ans, mais Venise, c'est un peu Byzance. Ici la douceur de l'air agit sur moi comme un philtre et me voilà prêt à entrer de plain-pied dans un décor des *Mille et Une Nuits*. Est-ce le contraste avec la morne Athènes? Je sais bien qu'il y aura des déconvenues, j'attends les brusques réveils, mais je me laisse aller à la magie des premiers instants. Il y a des griseries dont on tremble qu'elles ne se dissipent. Mais pourquoi gâter le moment qui passe? « Demeure un peu, tu es si beau. » Ce vers de Goethe, j'en entends le murmure dans ma tête.

En longeant les vieilles murailles de Byzance aux grosses tours crénelées, je me sens transporté dans un autre univers. Me voici dans le monde musulman que je connais peu. Dans la légère brume dorée, Istanbul m'apparaît comme la cité des songes. Je tombe amoureux de Constantinople. Des minarets veillant sur les innombrables coupoles, je me demande combien il peut y en avoir et pose la question au chauffeur qui me répond en riant : « Dieu seul le sait. »

Du balcon de ma chambre, je vois l'immense Bosphore presque à mes pieds. Aujourd'hui il est d'un vert turquoise pâle sous un ciel gris. Vers la droite, j'aperçois la coupole de Sainte-Sophie, tout cela comme dans l'accomplissement d'un rêve qui m'a hanté depuis mes premières lectures de Loti. Mais lui n'a vu les mosquées que de l'extérieur. De son temps, elles demeuraient fermées aux infidèles.

A Sainte-Sophie. Ici, dans ce lieu unique, il semble que ce soit la largeur de Dieu qui se célèbre, et cela malgré la coupole d'une hauteur vertigineuse. Peu me troublent les grandes rondaches où le fulgurant alphabet arabe proclame d'un magnifique zigzag une croyance étrangère à la nôtre. Je regarde et ne cesse de m'émerveiller.

Les gigantesques candélabres descendent bas, du haut de l'invraisemblable bol jaune pâle renversé où l'on ne peut diriger la vue sans que la tête vous tourne. A une époque immémoriale, des chœurs d'enfants ont chanté la gloire du Christ. Une mosaïque nous le montre, que l'Islam n'a pas voulu effacer, un Christ sévère, un grand livre appuyé contre sa main, présent parmi ce peuple qu'il n'a pas pu convaincre.

Par une rampe en pente douce – en pente douce pour que le sultan vainqueur pût y monter à cheval – on accède aux vastes galeries d'où l'on découvre tout ce que l'on n'a pu voir du premier coup d'œil : l'espèce de pavillon de dentelle de marbre où se tenait le basileus et la tribune des chantres qui lui fait face, mais rien ne peut rendre la majesté du vide, la souveraineté de l'espace dans le prodigieux édifice.

Les citernes de Byzance. Ce seul nom de Byzance donne du mystère à tout ce qu'il touche. Je ne sais combien il y avait de citernes, mais il en reste trois et j'en ai vu deux. La première est la plus étonnante. A deux pas de Sainte-Sophie, elle est là à quelques pieds sous terre. On descend par un étroit escalier de pierre qui mène à une forêt de colonnes au chapiteau corinthien, leurs bases disparaissant dans un immense lac noir. Elles sont plus de trois cents sur vingt-huit rangées, mais je n'en vois bien qu'une cinquantaine, les autres s'effaçant dans une pénombre miroitante. De quand datent-elles? On ne sait au juste, peut-être de Constantin. Il y a quelque chose de fantastique dans cette forêt toute rose qui s'enfonce dans la nuit et on ne se lasse pas d'y rêver. Je me suis souvenu du grand marais des cyprès, dans la Caroline du Sud, où l'on navigue en barque sur un lac d'encre parmi de grands arbres un peu funèbres, comme dans un poème d'Edgar Poe. Là-bas, dans le Nouveau Monde, comme ici, à Byzance, le même silence immémorial.

Ce matin au musée d'archéologie. La salle hittite m'a révélé une civilisation que je connaissais peu, et surtout par la mention qui en est faite dans la Bible, encore n'y parle-t-on pas de civilisation. Le Hittite, c'est celui qu'il faut déloger de la Terre promise. Quoi qu'il en soit, il nous a laissé des sculptures d'une lourdeur puissante, souvent admirables. Les lions hittites rugissent mieux encore que les lions de Délos. Je n'en ai jamais vu de plus mauvais. Leurs babines retroussées laissent apparaître des crocs redoutables. Plus loin dans ce même musée plein de richesses étonnantes, un Hercule chypriote à la barbe carrée rit d'un rire épouvantable en déchirant en deux, comme un drapier un tissu, un lion qu'il tient par les pattes de derrière. J'ajoute que ce personnage est d'une taille de cauchemar, comme le Gilgamesh du musée de Berlin. De magnifiques rois en diorite noire, un sphinx de calcaire trouvé à Hattusa dont les yeux sont des trous qui vous happent, des stèles assyriennes colossales, nous voilà *ailleurs*, dans ce musée vide où ne résonnent que nos pas. Et dans une vitrine, une lettre d'amour sumérienne en caractères cunéiformes. La traduction m'en livre ceci que je note au passage : « Je suis la proie de tes caresses... »

A Topkapi, le sombre sérail des sultans. On me prévient que nous allons nous engager dans un labyrinthe et j'espère ne pas m'embrouiller dans ces notes que je prends parfois, à la dérobée. La première cour traversée, nous voici à la porte du harem. Avant d'aller plus loin, nous jetons un coup d'œil dans la salle des audiences, bourrée de sofas et protégée par un large toit en avancée, où l'on recevait les ambassadeurs qui ne pouvaient pas pénétrer plus avant. Des quatre cents pièces du harem, nous verrons une bonne cinquantaine, mais il faut d'abord passer par le logement des eunuques noirs et leur salle de bains commune. A droite et à gauche, des portes tout au long d'un sinistre couloir. Tout près du plafond, deux barres transversales et, pendu au mur, un solide gourdin pour châtier les esclaves désobéissants. Les nouveaux venus n'y échappent pas, même s'ils n'ont rien fait : correction préparatoire et toute gratuite pour leur donner le ton de la maison.

J'aime mieux aller jeter un coup d'œil dans les petites pièces de faïence bleue où les concubines du sultan attendaient et attendaient encore que par un caprice des sens il se souvînt de l'une d'elles. Un matelas sur le sol pour dormir, un minuscule divan, tel était leur décor, charmant petit enfer où sous les fines fleurs bleues des murs qui, elles, ne se fanaient jamais, ces filles guettaient dans le visage de leurs innombrables rivales les signes avant-coureurs des premières flétrissures. On imagine les papotages et les querelles... De couloirs en couloirs, par les appartements des sultanes, nous voici chez le maître où de longs sofas courent le long des murs. Le bleu-vert des faïences enchante les yeux, les rafraîchit. Là gazouille une fontaine qui couvrira le murmure des confidences, car la méfiance rôde un peu partout dans ces palais d'Orient. L'horreur de ce monde secret arrive comme par bouffées alors qu'on va de pièce en pièce. Ailleurs des fruits peints sur les murs d'une salle minuscule pour titiller l'appétit blasé d'un sultan plus exquis que les autres : là, des moucharabiehs de faïence par où les princes s'épient. Comment noter tout cela? J'en ai assez de me battre avec un labyrinthe, je préfère me promener dans les jardins, revoir le ciel.

Dès les premiers pas dehors, j'ai une impression de bonheur, presque de gaieté après l'étouffement du harem. Çà et là, sur une grande terrasse, cinq ou six pavillons de formes diverses, du carré à l'octogone, et presque aussi bas que des bungalows, excitent ma curiosité, car je sens que ce sont là des demeures idéales. Ils sont d'une simplicité élégante, ces kiosques des princes, ces *yali* comme on les appelle. Le premier est drôlement surmonté d'une longue cheminée fine comme un minaret. L'extérieur ne promet rien de très somptueux avec sa façade et six fenêtres grillagées. C'est le *yali* de la circoncision. Mais au-dedans une salle doucement éclairée où s'allongent d'interminables sofas. Les murs sont comme des parterres de fleurs qui tiendraient verticalement par une opération magique. Tout à coup je n'ai pas envie de m'en aller. Je veux rester là, j'y trouve la paix, je m'assoirai là dans un coin et j'oublierai le monde... Mais nous ne sommes pas là pour nous amuser, il y a d'autres pavillons à emmagasiner dans notre mémoire, et je quitte la salle enchantée...

Quand on quitte le sérail, ses détours se prolongent par des vergers à l'abandon, descendant de terrasse en terrasse vers le Bosphore, et des avenues d'eucalyptus où le vent passe à travers les feuilles dures avec un léger bruit de froissement. Tout en bas quand on franchit la muraille, un kiosque en encorbellement permettait au sultan de surveiller les allées et venues en face. En face, chez le grand vizir, car la Sublime Porte, c'était lui et, s'il perdait quelquefois littéralement la tête, il avait l'honneur de représenter pour le monde l'Empire ottoman. Derrière cette Sublime Porte, abritée sous un auvent furieusement rococo comme une turquerie viennoise, des allées ombragées mènent désormais vers des ministères.

Le soir, de ma terrasse, je regarde toujours et toujours le Bosphore, le pont audacieux qui nous relie d'un fil à l'Asie, comme un trait parfait entre les collines des deux continents, et de l'autre côté, vers la Corne d'Or, sur le ciel encore clair la silhouette de Sainte-Sophie d'un mauve sourd qui s'efface lentement.

Üsküdar

Pour gagner la rive asiatique, nous traversons en bac avec la voiture. Le Bosphore est gris sous une pluie fine et derrière nous Istanbul tout entier se noie dans la grisaille avec des ombres plus ou moins claires dans le lointain. La coupole de Sainte-Sophie ne se distingue plus de la colline. Nous passons devant un îlot sinistre, la tour de Léandre, celle où Hero allumait son fanal et où l'amoureux, imité plus tard par Byron, qui voulait épater son sultan par ses qualités de beau nageur, arrivait transi. Les vers de Marlowe deviennent vivants tout à coup pendant que nous nous éloignons :

> ... Léandre, approchant du rivage
> Tâte de ses pieds fatigués et sent le sable.
> Et tout essoufflé qu'il soit, il n'a de repos
> Qu'il ne soit parvenu au pied de la tour solitaire;
> Et il frappe et il appelle...

A peine débarqués, nous voilà perdus dans des avenues sans fin et assez laides où notre chauffeur va tout droit. Éric le remet dans le bon chemin, avec ce sens de l'orientation qui fait l'étonnement des indigènes partout où il se trouve. Enfin ce que nous voulons voir, les grands cimetières d'Asie qui couvrent toute une colline. La tristesse semble absente. Partout des chats. Il en sort de derrière les tombes, les arbres, dans chaque allée, tout prêts à se faire caresser. Ici et là, une mère attentive compte sa portée. On nourrit tout le monde entre les pierres tombales. Les énormes cyprès, comme de grandes ombres noires et bienveillantes, se dressent dans le ciel gris et veillent sur les stèles dont certaines sont coiffées d'un fez ou d'un turban de pierre. Aucune tristesse dans ce lieu de repos où les chats jouent à des parties de cache-cache folles tout autour des morts. Un mausolée de marbre blanc, c'est le cheval favori d'un sultan que celui-ci a voulu honorer d'une amitié *post mortem*. La pluie fine fait tomber les petits cimeterres des eucalyptus.

Par de nouveaux détours dans un paysage ingrat où les constructions neuves sortent de terrains pierreux, nous allons jeter un coup d'œil sur l'hôpital de Scutari dont l'entrée d'un jaune autrichien n'a guère changé depuis Florence Nightingale. Elle s'appelait « nightingale », et c'est dans les hauts cyprès que chantent, la nuit, les rossignols.

De là aux Eaux douces d'Asie bien abandonnées de nos jours. Des arbres çà et là dans une prairie au bord d'une petite rivière toute en méandres. On y allait jadis en barques dorées au son des instruments et des chansons. A présent le silence qui y règne est si profond qu'on hésite à le troubler en parlant, mais on y respire encore le bonheur, et l'envie de rester là, dans l'herbe, est presque irrésistible. Le soleil a fait sa réapparition. Une ou deux maisons de bois à étages sont dissimulées dans des arbres. Nous allons tout au fond de la campagne mouillée, dans un vallon vert qui ressemble à tous les vallons déserts : quelques tas de bois, une rivière mangée d'herbes, une route qui ne va nulle part...

Pour rentrer, nous revenons par le pont suspendu qui relie les deux continents, chef-d'œuvre de grâce et de technique italienne et anglaise, ténu comme le fil d'amour qui seul peut unir des peuples dont les esprits n'arriveront jamais à se comprendre tout à fait. Et nous retrouvons l'Europe, c'est-à-dire des minarets, des portefaix courbés en deux sous des charges énormes, et des inscriptions en zigzag.

Inconnue, la ville inconnue

Arriver à la chute du jour dans une petite ville inconnue, sous la pluie, alors que les lumières des boutiques commencent à s'allumer et que les clochers des églises s'effacent dans le soir, je crois que je ne me lasserai jamais du banal mystère de cette sensation. J'ai essayé de la décrire dans un ou deux romans, sans y parvenir; je n'ai pu qu'y faire allusion. A bien y songer, je n'ai jamais réussi à dire exactement ce qui se présentait à moi avec la netteté la plus rigoureuse. *Ce qui se conçoit bien...* Oh, comme cela est faux! Il y a des jours où ce qui est exprimable me paraît si loin de l'essentiel que je me demande si cela vaut la peine d'écrire. Les mots qu'il faut mettre en rang comme de vieux chiens savants, fatigués des tours qu'on exige de leur bonne volonté...

Enfants, nous avons tous rêvé de ces villes inconnues. Et nos voyages sont parfois guidés par le souvenir de ces noms qui nous enchantaient. Les villes sont des personnes, on a pour elles les mêmes coups de foudre et les mêmes éloignements que pour les êtres humains. Dans de nombreux voyages j'ai souvent choisi quelques-unes des villes que mes songes voulaient voir devenir réelles. Et sur cette carte imaginaire figure aussi la ville inconnue, la ville où l'on n'arrive, le soir, que pour une nuit...

Dans les endroits qui nous sont les plus familiers demeure toujours une zone d'ombre, ainsi les villes où nous vivons, celles que nous avons parcourues plus longuement que d'autres, avec plus de curiosité, celles où un coup de foudre nous a retenus; un escalier, une place, le hall entrevu d'une maison, une église sous des échafaudages, ici les lueurs de la chute du jour, là un soleil aveuglant qui nous fait chercher refuge dans un musée désert, et voilà le sésame pour entrer dans une cité interdite. Tous les songes viennent à nous. Êtes-vous sûr que vous étiez à Grenade, à Paris, à Bologne? Il n'y a aucune statue pareille à celle que vous décrivez. Non, personne n'a jamais vu de maison là où vous la placez, votre boulevard n'a pas de contre-allée, l'avenue ne mène nulle part. Vous avez dû sortir un soir

de brume, comme le mauvais garçon dans le Londres d'Apollinaire, et vos enchantements ne sont que les désirs enchantés. Eh bien, soit pour les rêves et prenez pour songes tout ce que j'ai vu, mais un soir peut-être un autre voyageur mettra ses pas dans les miens et se surprendra à découvrir une ville que j'avais été le seul à décrire.

J'imagine aussi des cités selon les êtres qui y ont vécu, y ont aimé et souffert, et qu'ils ont rendues célèbres, ainsi le Königsberg de Hoffmann et de Kant se superposera toujours à la ville actuelle. Mais quelquefois la ville réelle se met à resplendir des feux de la cité imaginaire; Claude Lorrain et Piranèse ont laissé dans l'espace une Rome éternelle.

Cardiff

Nous sommes arrivés trop tard pour déjeuner – il était près de trois heures –, on nous a servis dans le hall de l'hôtel du thé et un monceau de sandwiches tels que je n'en avais jamais mangés de meilleurs. Notre première visite a été pour l'église Saint-Jean-Baptiste, grande, belle et gothique à souhait. Elle se trouve à un mètre au moins au-dessous du niveau de la rue et, quand je me suis promené entre ces murs qui respirent le protestantisme, j'ai ressenti pour la première fois une indicible nostalgie de l'église de mon enfance, de celle de ma mère. Il y avait là un sens de la prière et de la proximité familière de Dieu, et aussi je ne sais quelle chaleur réconfortante qui m'ont fait cruellement regretter que nous ne fussions plus d'accord, eux et nous catholiques. Je sais bien que ce ne sont là que des impressions sentimentales et presque physiques, mais malgré tout quelle tragédie que nous soyons séparés! Les longs bancs de bois foncé, luisants dans la pénombre, les vitraux de Burne-Jones, que de souvenirs venant comme par bouffées... J'ai caché de mon mieux mon émotion, mais elle était forte. Cette église jadis catholique gardait sans doute quelque chose de sa foi ancienne, je ne sais où, dans ses pierres, jusque dans ses voûtes où montaient des hymnes latines dans des temps révolus.

Le château de Cardiff avec ses murailles basses et ses créneaux batailleurs est bordé de pelouses soignées comme un terrain de golf, elles sont là comme pour adoucir ce paysage, apaiser la forteresse. Elle n'a pas l'air bien méchante, du reste. On peut entrer dans la cour où nous accueillent de charmants jardins verts. Une dizaine de paons, lents et fastueux, traînent leurs plumes ocellées sur l'herbe, sous un ciel gris. De grosses tours dominent ce décor à la fois tranquille et guerrier.

Au musée, parmi bien des toiles très précieuses, un petit tableau de Granacci où se voit le Christ debout près de sa croix, à ses pieds un calice où tombe un jet de sang qui jaillit de sa main percée. On ne saurait donner en peinture une définition plus nette de la messe.

L'image est d'une beauté bouleversante. La foi guidait le pinceau. Dans le hall, une grande sculpture au mouvement superbe, à la Rodin, de Goscombe John, le monument aux morts du Royal Liverpool, *Le Jeune Tambour.* Assis, il bat pour l'immortalité le rappel de ses amis morts. Derrière lui, une gerbe de drapeaux et à ses pieds un boulet et un fût de canon. Dans la bouche entrouverte il y a comme un dernier chant de vie...

Les voix galloises sont parmi les plus douces qui soient au monde, et dans une petite rue réservée aux piétons où nous avons regardé les vitrines, les conversations et les rires nous faisaient un accompagnement de notes heureuses. Cela m'a rappelé le film avec Bette Davis que j'avais vu à Boston, *Le blé est vert*, où l'on entendait de magnifiques chœurs de mineurs gallois.

Jaén

On me dit qu'il y a dix ans Jaén était encore une ville d'une beauté charmante. A part quelques rues épargnées par la folie immobilière je me promène dans une ville qui fait l'impression d'avoir subi un bombardement au ralenti. Les maisons d'autrefois ont été démolies une à une, sinon en série. Restent des terrains vagues encombrés de débris ou des édifices d'une laideur rare. Le ciment remplace la pierre, des tiroirs de béton sont là à la place des jolis balcons de fer forgé d'où pendaient en grappes des masses de géraniums. Dans des ruelles épargnées nous marchons sous des avalanches de petites fleurs rouges. Là règnent encore la paix et la poésie d'autrefois, mais la laideur architecturale jointe à la politique du jour balaiera tout cela. Nous allons vers de hideux lendemains qui grognent... J'ai fait rire mes compagnons en leur disant : « Séville vous séduit, Cordoue vous retient, mais Jaén vous met dehors. »

La cathédrale que René Huyghe déclare la plus belle église Renaissance d'Europe mérite peut-être cet éloge si l'on veut bien oublier Saint-Pierre de Rome. Sa façade surchargée de statues et d'ornements fait grand effet et les deux tours très largement éloignées l'une de l'autre la mettent à part et la rendent insolite, mais il n'y a pas de recul et beaucoup de cette splendeur est perdue.

La tête dans un bleu éclatant, la montagne au soleil a des pentes vertigineuses, et à la chute du jour elle est tragique, quand on la voit soudain au bout d'une rue ou par-dessus les toits dans les lueurs rougeâtres du couchant. La grosse forteresse maure qui domine Jaén semble encore méchante avec ses tours carrées et ses murs épais; nous logeons dans le castillo restauré et, là-haut, toute la vallée disparaît dans de la brume sombre.

En ville, impossible de trouver un journal français. Il n'y a dans les feuilles d'ici que des nouvelles espagnoles, et locales en plus. Les rues en zigzag, longues, étroites, désertes le soir, gardent alors leur charme de décor d'opérette, mais une opérette qui a dû tourner au drame pendant la guerre civile. Un portrait de Franco dans une pharmacie. Ici on le regrette ouvertement. Deux cartons d'emballage l'un sur l'autre, et dans cette guérite un nain vend des billets de loterie; plus loin, c'est une femme énorme aux larges yeux noirs, assise entre deux poubelles comme dans une citadelle inexpugnable. Le soir vient d'un coup quand le soleil passe de l'autre côté des montagnes et la nuit de printemps est glaciale.

Mai 1979. La petite sierra de Ronda. Le mot «tropiques» m'est venu à l'esprit.

Septembre 1978 et mai 1979. Cordoue. La forêt...
(« Grands bois vous m'effrayez comme des cathédrales... » Baudelaire.)

Cordoue

La mosquée de Cordoue est une ville en soi, une ville et une forêt. J'y suis entré, me rappelant les colonnes de Kairouan où des oiseaux volaient de l'une à l'autre, mais ici j'étais au cœur d'un bois plus profond, plus rempli de mystère; au milieu de ces arbres de pierre le soleil jetait parfois une lance de lumière, comme un guerrier qui aurait voulu atteindre une cible cachée, mais hors d'atteinte, ombre parmi les ombres, invisible à force d'être imaginée, et l'ombre se refermait tout autour, autour des ronds de soleil, autour de nous, autour de ces fûts sans nombre, autour du silence.

Heureusement il n'y avait personne et j'ai pu marcher dans ce sous-bois sacré, où la présence de Dieu se fait chaude, quand tout à coup une coupole ouvragée s'illumine ou que l'ombre, toujours elle, vous parle de vos propres secrets, ceux qui sont les plus profonds, ceux de votre destinée sur terre et de votre infinie solitude face à l'Infini.

Dehors, dans la cour des orangers, bordée de portiques, on a la curieuse impression d'être cette fois enfermé sous le ciel bleu.

L'après-midi à Las Ermitas, au haut des collines dans la sierra, au-dessus de Cordoue. Les ermites sont des capucins et chacun a sa cellule, ou même sa minuscule maison, bien à l'écart les unes des autres. Celle que nous avons vue sous les arbres était ouverte aux visiteurs (nous étions seuls). La simplicité en est extrême. Le lit n'est recouvert que d'une natte, les murs d'un blanc de neige, une croix sans Christ au-dessus d'un banc de bois. On peut accéder, non loin de là, à une petite chapelle assez ornée et tout à fait glaciale. Dehors il fait 25° et à l'intérieur je dirais 0°. J'en suis sorti me sentant mal physiquement et moralement. J'ai compris ce qu'était renoncer au monde. Ce n'est pas en finir avec les tracas – ce qui est délicieux –, c'est se coucher sur la croix et laisser à Dieu le soin de vous y clouer. De nombreuses inscriptions nous rappellent que vaincre la chair n'est pas tout et qu'il faut renoncer à toute sa volonté. Tout cela dans un décor charmant et par une radieuse journée de printemps où l'on

Mai 1979. Cordoue. Sur le mur, la tache rose d'une affiche qui avait saigné.

Mai 1979. Las Ermitas dans la sierra de Cordoue. La mort n'existe pas.

voit un vaste paysage d'un vert tendre, mais viennent les pluies et vienne l'hiver et l'on sentira l'étendue du sacrifice.

La tête de mort qui nous accueille à l'entrée du couvent prêche son sermon habituel : « Un jour tu seras comme moi. » Au cimetière, dans une muraille toute blanche, il y a des capucins enfermés jusqu'à ce qu'ils ne soient plus qu'ossements et qu'on les mette tous ensemble dans la terre. Une seule ouverture béante attend le prochain religieux qui mourra. Il y a toujours une place vacante, après quoi c'est l'oubli éternel dans la mémoire des hommes, cette autre fosse commune. Le mort vit en Dieu.

Mai 1979. Cordoue. Inscription sur un mur de l'université.
« Tout de suite d'accord. »

Palmela

La colline tout entière est une forteresse, du couvent au donjon. Des fortifications à la Vauban ouvrent sur le vide; c'est le château des vertiges et des fatigues si l'on veut tout voir. Nous nous sommes promenés une heure le long des terrasses et jusqu'au sommet des tours à créneaux et à meurtrières innombrables. La vue embrasse toute la région, vers le sud scintille la mer, on se penche et on retient son souffle. On longe des murailles aveuglantes dans un soleil de plein été. L'église qui fut celle des chevaliers de Saint-Jacques est d'une beauté qui m'a laissé muet d'émotion. Très haute, avec des piliers gigantesques, elle est absolument vide et à cause de cela profondément religieuse. Seule, tout au fond, sur un autel revêtu d'une étoffe verte, une grande croix noire. Aucun ornement ne vient troubler cette impression de foi totale qu'on reçoit dès le seuil franchi. En sortant j'ai remarqué quelques restes d'*azulejos* près de la porte et c'est tout. L'église est pleine de Dieu. On a eu le bon sens de lui laisser toute la place sans chercher à enjoliver sa maison. Les splendides proportions des voûtes et des piliers suffisent. Sur une pierre tombale, contre un mur, une inscription : « Nous sommes là, nous vous attendons. »

Dans le couvent de Santiago, les chambres sont d'autant plus magnifiques que là encore on a respecté l'espace : des murs blancs, quelques beaux meubles, le luxe du vide. De mes fenêtres je vois des collines qui me font languir après les pinceaux que j'aurais voulu promener sur une toile. Elles sont d'un bleu fumée qui tourne au noir et le soleil étend une nappe à leurs pieds sur toute la vallée. A ma droite, tout près, une tour carrée aux créneaux féroces comme des dents d'ogre. J'emporterai ce paysage dans ma mémoire.

Sur les hauteurs de grands moulins ont l'air de nous faire des gestes et le port de Setubal est allumé parfois d'éclairs quand le soleil frappe la coque d'un navire géant.

A la tombée du jour, nouvelle promenade vers les remparts, on longe les anciens magasins militaires, et l'intérieur de la citadelle est à nous, vide dans un ciel rosâtre. On est soudain « ailleurs », comme dans cette forteresse de Bam, aux confins du désert du Béloutchistan où le vent souffle avec la nuit venue. L'air est froid, mais vivifiant, qui me remet de toutes mes fatigues. Le ciel prend des tons lie-de-vin de plus en plus profond et nous rentrons dans l'air noir, au moment où des constellations apparaissent au-dessus de nos têtes.

Ronda. Entrée de la plaza de toros. Derrière le mur qui danse, des mises à mort.

Chiraz

Par une chaleur étonnante et une lumière qui dévore la rue, vers la fin de l'après-midi, nous sommes allés nous promener dans les jardins du Paradis (Paradis n'est-il pas un mot persan?). Ils s'étendent devant le palais royal. Des canaux traversent les pelouses, coupés ici et là de minuscules cascades qui font un bruit délicieux entre des murailles de cyprès géants. Partout des masses de roses, des allées d'arbres, tout cela au pied de montagnes où rien ne poussera jamais. Le contraste est saisissant entre ces énormes barrières jaunes qui cachent une partie du ciel et cette oasis édénique où tout est fait pour le plaisir de l'homme. Que ne puis-je faire taire en moi la voix secrète qui murmure *jamais plus* et que j'entends si souvent. Jouissons cependant de l'air qui fraîchit après la chaleur de fournaise d'où nous sommes sortis à peine une heure plus tôt.

Au palais du régent Karim Khân Zend, petit pavillon octogonal aux murs émaillés de dix mille fleurs roses et rouges. On le restaure comme on restaure partout, avec frénésie, mais là les couleurs sont si délicatement fanées que les fleurs ont l'air de résister à toute tentative de rénovation. Chaque détail de ce palais est une merveille. De grands rideaux blancs arrêtent la lumière à la porte, et le jardin lui-même plonge tout entier dans une ombre verte...

Ce matin au tombeau du poète Hafiz, longue et haute pierre d'albâtre surchargée d'inscriptions, ou de *ghazels,* sous un dôme soutenu par des colonnettes. Tout autour, des cyprès et des roses en profusion, des œillets d'Inde, des héliotropes. Le poète dort au fond d'un jardin d'où l'on voit l'interminable muraille des montagnes couleur de sable. J'apprécie le charme et la piété de l'ensemble, mais je n'ai jamais eu le goût des monuments de ce genre ni le sentiment si fort chez presque tout le monde de ce qu'on appelle le culte des morts. Les ossements, les restes, si vénérables soient-ils, n'éveillent en moi aucune émotion religieuse. Mais l'hommage au poète est le signe d'une haute civilisation. La tombe de Keats dans le cimetière protestant de Rome, celle-là compte pourtant d'une manière étrange, parce que c'est lui. Et aussi celle de Quincey...

Visité ensuite la demeure d'un particulier bon vivant dont une photo nous fait voir la figure lunaire et bienveillante ornée d'une petite moustache noire. Comme il a dû savourer son bonheur... Mais de quand date cette demeure de rêve? C'est une grande villa basse; d'immenses rideaux de toile blanche entourent la terrasse et barrent l'entrée à la chaleur. On entre, on n'en croit pas ses yeux; de petits morceaux de miroirs recouverts d'un treillis de fleurs innombrables, et l'on imagine très bien une fée élisant domicile sous ces plafonds étincelants.

Le jardin est un lieu de délices. Sillonné de petits canaux et encombré de roses. Une grosse tête de pierre – le portrait du propriétaire? – ronde et moustachue ouvre la bouche et crache obligeamment toute l'eau qu'on voudra du matin au soir. Quelle vie peut-on mener dans un décor pareil? La maison elle-même commençait à se délabrer, mais on la restaure. Pour le moment, restaurer semble être l'occupation principale du pays. Comme partout ailleurs, de grands stores de toile blanche cachent l'intérieur à la lumière.

Dans le frais relatif de l'après-midi, nous allons à la mosquée Vakil, celle qu'on appelle la mosquée des roses, car il y a là une glorification de cette fleur qui fait la renommée de Chiraz. Un bassin d'une longueur interminable partage en deux la vaste cour entourée d'un cloître en ogive, profond et ténébreux à souhait sous l'implacable lumière. L'iwan démesuré qui règne sur cet ensemble est couvert de roses brillant par milliers sur l'émail vert et bleu, il y en a tant de ces fleurs qu'elles font perdre à ce lieu de prière à peu près toute son austérité. Il est vrai qu'il est de la fin de ce XVIIe siècle qui veut toujours sourire, ici comme ailleurs, mais, dès qu'on franchit le seuil du sanctuaire, on demeure étonné de voir dans le clair-obscur une forêt de lourdes colonnes où s'enroule un épais tortillon sculpté. Sont-elles si nombreuses? Il y en a qu'on distingue à peine dans le fond de cette zone de mystère, bien différente de ce que promettait la fantastique roseraie de l'extérieur. Par un souci d'exactitude un peu maniaque, j'arrive à faire le compte de ces colonnes : huit rangées de douze, mais, selon le point où l'on se place, elles ont l'air d'avoir été plantées là au hasard. Ailleurs, la régularité en est parfaite et un peu de magie s'en va, mais comme ce rien d'ensorcellement m'amuse. Contre le mur du fond, un mihrab de pierre et d'albâtre monte jusqu'à une niche richement émaillée où je suppose que l'officiant dira les prières. De nouveau dans la cour, j'admire sans m'en lasser toutes ces roses qui donnent l'impression de s'être multipliées depuis tout à l'heure. C'est l'Islam amoureux de la vie qui est là.

Une courte promenade nous mène à ce qu'on nomme la rue couverte, long et magnifique bazar où se vendent des objets qui paraissent fort beaux, mais le paraîtront beaucoup moins une fois dans nos appartements parisiens. Je l'ai souvent remarqué : tout ce qui relève de la turquerie voyage mal. Le charme oriental ne s'exporte pas. Que d'atroces fumoirs j'ai vus qui se promettaient sublimes dans les souks...

Ici, dans ce passage dont on ne voit pas le bout, des ouvertures rondes éclairent du haut de la voûte les échoppes des tapis, celles des bijoux aux prix éblouissants, la poterie, la vaisselle souvent très fine, et les verreries aussi délicates que celles de Venise. Flottant au-dessus de tout cela, pendues haut et de toutes les couleurs, roses, azur, blanches, des robes à n'en plus finir, les sept femmes d'un régiment de Barbe-Bleue, gaiement balancées au gré des courants d'air. On finit par se lasser de brèves explorations, dans ces boutiques où tant d'objets nous tentent dont nous n'avons nul besoin, comme ces monceaux de théières en métal qu'il faudra sans cesse porter chez le rétameur parce qu'elles se mettent au bout d'un mois à fuir comme des bébés. Mieux vaut se reposer un moment dans un très agréable café, pavillon hexagonal dont une banquette fait le tour et où des serveurs enturbannés nous apportent du thé chaud dans des verres. La banquette n'est-elle pas un peu dure? Des divans sont là où l'on peut se jeter, les pieds sur des tapis dignes d'un padishah. La rue qu'on aperçoit est pleine de monde, avec ce va-et-vient perpétuel de femmes, en noir ou drapées dans des étoffes parsemées de fleurs, la bouche prudemment cachée, et tout près de nous une petite place ronde, ombragée d'arbres penchés sur un bassin qui répand de la fraîcheur. Comme on est loin de tout ici... Chiraz, oasis au milieu d'un désert, a le charme de ses jardins miraculeusement sortis des sables. Que ne peut-on y rester, là même, à bavarder dans ce café des *Mille et Une Nuits*?

Juillet 1979. Spitzberg. La lumière du Soudan.

Hammerfest

Hammerfest, la ville la plus septentrionale d'Europe, la plus désolée aussi malgré ses maisons vert d'eau ou sang-de-bœuf. Elle est morne comme une petite ville américaine par cette journée ensoleillée et étrangement chaude. Deux ou trois très vastes magasins où l'on vend un peu de tout : des peaux d'ours et de renne, des porte-monnaie – maudits soient-ils –, en peau de phoque. Des livres aussi, norvégiens, anglais, français, et parmi ceux-ci trois volumes de mon Journal et deux de mes romans, ce qui m'a fait plaisir. Ailleurs les exemplaires les plus admirablement imprimés du Nouveau Testament que j'aie vus. Ni Cambridge ni Oxford n'ont fait mieux, si même ils ont fait aussi bien. Les caractères sont parfaits, les marges importantes, on a envie de lire ces pages sans lesquelles le monde n'aurait pas de sens. Et non loin, comme il fallait s'y attendre, le démon avec sa pornographie grossièrement illustrée.

L'église principale est moderne, de 1917, la cinquième construite à la même place, les cinq premières détruites sans doute par le feu ou des avalanches. Celle-ci est haute et étroite, d'une forme particulière, un livre entrouvert et posé debout, ce qui donne une construction en V renversé. L'effet est étrange, mais non sans une grâce un peu sèche. Un grand vitrail flamboie derrière l'autel, les bancs sont peints en bleu pâle; le sentiment religieux est assez vif dans ce pays où l'on vit dangereusement. Les collines qui entourent la ville sont garnies de barrières destinées à retenir la neige qui a tant de fois déferlé en avalanches, emportant tout. Et l'océan Arctique regarde ce coin d'humanité courageuse tenant tête au sinistre interminable hiver. L'électricité abonde et elle est gratuite en Norvège. Mais aujourd'hui il s'agit bien de cela, je regarde ces rues larges et nues dévorées par le soleil et l'ennui. De jeunes pochards titubent, car c'est samedi. Des jeunes gens d'une beauté splendide, à la démarche hésitante et le regard vert fort vague.

Au milieu de la nuit, dans la baie de la Madeleine, au nord-ouest du Spitzberg. Une lumière d'opale sourd de toutes choses. De cette

Spitzberg. La base russe. « World-Peace » écrit en lettres de neige, renouvelables tous les ans.

Spitzberg. La base russe. « Ce n'est rien, j'y suis toujours. » (A. Rimbaud).

nuit sans couleur, à peine grise, comme dans un dessin romantique allemand, semblent naître les montagnes de glace, les éboulis de rochers, l'eau même. L'air est léger et doux. A terre, nous autres humains devons paraître bien patauds aux phoques allongés sur des morceaux de banquise comme des dames sur leurs sofas. La vie entière est figée. Les portes d'un monde souterrain s'ouvrent-elles ici entre deux blocs de pierre ou simplement la nuit blanche est-elle le sésame d'un autre univers? Mais toute une vallée se creuse entre les pics, et des montagnes lointaines descend le fleuve immobile d'un glacier. Du blanc sur du blanc. Pas éclatant, ni lumineux, un blanc mat. En bas, au ras de l'eau incolore le glacier se redresse en une barrière d'un bleu-vert intense, comme dans un verre du peppermint au-dessus de glaçons.

Puis, à l'aube, les couleurs s'avivent et le bateau glisse au cœur d'une émeraude. Plus loin, les murs de la banquise se cachent tout à coup dans la brume et quelques cris de fous des mers n'arrivent pas à déchirer cette ouate qui nous aveugle. Demi-tour, le sonar nous révèle, glissant vers nous à quelques encablures, un tueur invisible, la masse d'un iceberg qui nous fait fuir vers le sud.

1979. Hammerfest. L'île de l'Ours. Sur la route du Pôle. Quel sculpteur a taillé ce Balzac informe comme une sentinelle dans la brume et les cris des oiseaux?

Fort-William

A Fort-William, petite ville très remuante, nous entrons dans une vieille épicerie. Elle n'est pas sans rapport avec les captivantes épiceries de village d'Amérique, plus encore avec l'épicerie tenue par la vénérable brebis de Lewis Carroll dans *A travers le miroir*, car toute une partie du magasin est occupée par des rangées de boîtes de bonbons, surtout de *toffee*, ce caramel fondant qui est la gourmandise la plus estimée du pays. « Je ne ferais pas cela pour du *toffee* » est une phrase courante. *« Not for toffee! »* (« A aucun prix! ») Je n'en ai jamais vu autant. Il y en a pour tous les goûts : des durs, des mous, au chocolat, au café, aux noisettes, au whisky et même au rhum et raisins. Les innombrables boîtes s'échafaudent sur des tables entre lesquelles il faut passer comme dans les corridors d'un labyrinthe. Je n'oublie pas, dans une autre région de cette épicerie de rêve enfantin, les monceaux de gâteaux de tout genre, car nous sommes dans le *Land of cakes*, Écosse exorcisant celle des terreurs.

Ravenne

La capitale d'Honorius qui fut roi de tout l'Occident est d'une austérité singulière. C'est mon premier sentiment quand nous avons traversé la ville hier soir. Mais après dîner nous nous sommes promenés dans des rues vides et sommes allés de place en place où triomphaient de beaux palais d'une beauté impériale, sans compter les églises et les portes massives de la ville que l'on a tôt fait de traverser de part en part.

On ne peut pas plus décrire Ravenne qu'on ne peut décrire un paysage, une montagne. Tout au plus on peut recourir à l'émotion. San Vitale, c'est l'Empire d'Orient. L'extérieur de brique d'un rose chaud paraît très sévère à première vue, mais les lignes de cette église octogonale, enserrant une coupole qui est un autre octogone, s'inscrivent si naturellement dans l'esprit qu'on a le sentiment d'être déjà venu là. A l'intérieur, c'est la gloire. Les vitraux d'albâtre laissent la lumière glisser sur les marbres et l'or des mosaïques. Les parois nous racontent toute l'histoire de la Foi et les scènes sont séparées par des festons de fleurs et de feuilles d'acanthe. J'ai contemplé le cœur battant le Christ imberbe entouré d'anges dans la coupole, et les groupes de saints personnages en longues robes blanches à plis droits. Les anges volent symétriquement. Nous sommes en présence de l'Église invisible devenue visible, d'une Église vivante.

Le pré qui entoure San Vitale prolonge le sentiment de bonheur tranquille et, tout au bout, le mausolée de Galla Placidia où, là encore, l'extérieur sévère n'annonce en rien la décoration de précieuses mosaïques. Mais ici le fond est bleu-de-nuit, car nous sommes dans un tombeau. La richesse des détails est admirable et rappelle les plus belles réussites romaines. Les motifs de cristaux de neige, de sarments de vigne, les grecques en trompe-l'œil, sont d'une précision qui défie le regard impersonnel de nos appareils photograhiques. Et pour montrer la confiance de l'âme au-delà de la mort, là des cerfs s'abreuvent à une pièce d'eau, là des colombes boivent dans une coupe.

Ravenne. A San Apollinare Nuovo, l'église n'est jamais vide, il y a cette procession de l'Église triomphante, au-dessus de nous.

Ravenne. San Apollinare Nuovo. Le réalisme de l'idéal.

Comme au mausolée de Galla Placidia, à San Apollinare Nuovo, à l'étrange baptistère des Ariens rendu à l'Église, et au baptistère néonien, byzantin celui-là, je retrouve partout le même élan contenu, la même joie intense, mais comme un trésor caché. Quand les images sont de cette force, on se prend à réfléchir sur le caractère indispensable des élucubrations théologiques.

La basilique de San Apollinare in Classe où les yeux ne savent où s'attacher et vont d'une merveille à l'autre. Dans la mosaïque du chœur, le saint debout et les mains ouvertes pour prier, de quelle beauté tranquille il est revêtu dans sa chasuble prune constellée de points d'or tandis qu'à sa droite et à sa gauche des brebis vont vers lui, confiantes et la tête levée. On ne le regarde qu'un instant, la vue se porte au-dessus de lui sur une croix d'or démesurée dans un immense disque bleu azur semé d'étoiles et plus haut, dans un cercle entouré de nuages rouges, bleus et jaunes, un étonnant Christ qui serre un livre dans sa main gauche et de sa droite bénit, à moins qu'il n'explique, le geste est indécis, que nous devons faire attention à la dernière heure qui vient sans prévenir.

Il ne reste rien du palais de Théodoric et la façade de brique aveugle qu'on appelle ainsi n'est sans doute que l'entrée d'un des corps de garde, démontrant par là même la grandeur du royaume des Goths. Longeant les murs rouges et bas de la citadelle, nous franchissons les canaux de Ravenne, car c'est aussi un port, et voici l'énorme masse grise du mausolée de Théodoric. Il fait penser à un problème de géométrie parfaitement résolu. Au premier, le soleil couchant entre en plein dans la pièce circulaire par l'ouverture d'une porte carrée et la vasque de porphyre où le roi fut couché brille comme du sang noir.

Sienne

Des jardins de la forteresse des Médicis, Santa Barbara, dans le soir, Sienne est rouge sous un ciel d'orage. Des éclairs de chaleur se succèdent et illuminent toute la ville et l'horizon comme un décor de théâtre tout à coup surpris par un éclairage trop violent. Le Campo, cette vaste cuvette qui penche un peu d'un côté entourée de monuments en brique rose, maisons ogivales, et le Palais communal dont la tour s'élance dans un ciel bleu-noir, fine, étroite, coiffée d'une lourde couronne crénelée. C'est un des endroits de la terre où le plus de beauté se réfugie; nous sommes déjà dans les premiers jours de la nouvelle époque barbare et cette architecture exquise nous voit nous enfoncer dans une ignorance qui se veut scientifique. C'est le passé qui nous contemple avec dédain et un peu de commisération. Partout, à la terrasse des cafés ou sur les marches de la fontaine de la Joie, les éternels mauvais garçons, charmants de jeunesse dans leur pauvreté. Ceux-là, le beffroi les reconnaît, les mauvais sujets de la Renaissance portaient cependant des vêtements plus pittoresques. Je dis « mauvais sujets » car cela va avec la jeunesse et loin de moi l'idée d'une quelconque morale!

Le Musée national avec ses Primitifs m'a rendu au monde mystique où je me suis toujours senti si heureux et si libre. Les grandes Vierges de Duccio au regard inoubliable, parce qu'il est tourné vers la partie intérieure après laquelle je languis misérablement dans le monde moderne, me disent toutes la même chose : « Qu'attendez-vous, chrétiens, égarés dans la nuit? » Le même langage, le même appel, je les ai retrouvés dans les salles suivantes en regardant les tableaux de Sassetta, de Pietro di Cosimo, de Giovanni di Paolo et de tous les autres peintres mystiques à un degré non pas moindre, mais différent, et parfois plus anecdotiques que contemplatifs. Néanmoins ils m'ont ravi, dans le sens fort de ce verbe. Un ange tend à saint Jean une bouteille d'encre bien noire d'où sortira l'Apocalypse, cela fait sourire et en

1980. La cathédrale de Sienne rayée comme un bagnard.

même temps on peut rêver au destin des poètes dans ce raccourci qui eût séduit Baudelaire.

Au Duomo. Je trouve la façade atroce avec ce lourd revêtement de motifs ornementaux à peu près aussi *wedding cake* que le Duomo de Milan. Et à l'intérieur, les magnifiques piliers paraissent minces tant ils sont hauts, mais rayés de blanc et de noir comme les bas que jadis on faisait porter aux garçons. La chaire de Niccolo Pisano est belle de conception, mais surchargée elle aussi d'ornements comme un sermon d'une éloquence trop fleurie. Passons. Je choquerai sans doute les amateurs, mais jusqu'à la sacristie, tout cet étalage me fait fuir.

Heureusement dans le musée de la cathédrale, il y a cette merveille qu'est la *Maestà* de Duccio, œuvre unique d'une beauté de couleurs à la fois hardie et harmonieuse, que les mots ni les photographies ne peuvent reproduire. On est là comme dans un vaste paradis où triomphent le Christ et sa mère, c'est une longue et profonde contemplation qui s'empare de l'âme et de tout l'être si nous voulons être attentifs. Je suis resté là un bon moment, doucement attiré hors de moi et presque sensible à cette présence physique de Dieu. Je compte cette journée comme l'une des plus belles de ma vie.

A ma connaissance, il n'y a guère que l'école de Sienne qui sache aussi parfaitement nous faire pénétrer de plain-pied dans les contrées du rêve. Les Florentins ne nous font pas quitter cette terre, ils font même que nous nous y trouvons bien, alors que Duccio ou Sassetta nous conduisent doucement hors de la vie. La Sienne du XVe siècle sera toujours la patrie de ceux qui se sentent en exil dans leur temps. J'ai quitté cette peinture à regret, la vue fatiguée et le cœur plus lourd. Je ne sais où nous allons, je ne comprends pas l'*utilité* de ce que nous faisons. Tout me semble vain et faux, sauf quelques peintures, quelques pages de musique, et quelques poèmes. Retrouver par toutes les voies possibles le pays perdu que Sienne m'a permis d'entrevoir aujourd'hui...

Sur la place où nous avions laissé la voiture, nous nous apercevons que les clefs sont restées à l'intérieur et pas moyen d'ouvrir les portes. Un personnage très obligeant revient avec un fil de fer et, après des contorsions et quelques essais infructueux, nous ouvre la portière avec le sourire d'un gentleman. Nous allons déjeuner à Monteriggioni, petit bourg enfermé au milieu des champs dans sa muraille sertie de grosses tours et qui servait de ligne de défense à Sienne contre les Florentins. Dante en compare l'enceinte ronde aux géants enfouis à mi-corps sur la margelle du puits du neuvième cercle de l'Enfer.

1980. Poggio Bustone et le val de Rieti vu du chemin de montagne où François d'Assise gagnait une grotte près du ciel, pour se cacher en Dieu.

Rieti

Le val s'est montré tout le long du jour dans une gloire dorée, même au plus chaud de l'après-midi il y avait une douceur qui enveloppait – non, qui sortait des choses. Les champs, les vergers, les petits bois respiraient cette atmosphère heureuse qui séduisit en son temps François d'Assise. Le bleu du ciel découpait les sommets neigeux, là-bas, dans les lointains, comme s'il fallait ces montagnes pour protéger cet Éden. Nous avons visité les villages sur les hauteurs et c'est dans les derniers rayons qui orangeaient les murailles que nous sommes entrés à Rieti. La ville était fort animée, des motos nous rejetaient sur les trottoirs, mais tout à coup, à sept heures précises, les rues en moins de deux minutes se vidèrent. J'avais déjà observé le même phénomène à Pise. Intérieurement, je l'appelais l'heure du *prosciutto.* Nous allâmes dîner.

Plus tard nous avons marché au hasard dans la nuit. Pas une lumière, les habitants semblaient s'être évanouis. Les hautes et belles demeures se succédaient dans ces rues fantômes. Debout, elles attendent bravement la mort, car elles sont vides. Il y a un effort vers la consolidation et la restauration des plus beaux palais, car il s'agit de palais désertés, mais des barrières étaient là pour nous prévenir dans leur langage muet que des tuiles et des pierres pouvaient nous tomber sur la tête et que nous risquions le sort de Pyrrhus. Nous avançons malgré tout. Des maisons ouvrent sur la rue leur bouche d'ombre, nous regardons des cours abandonnées, montons des escaliers conduisant vers des plafonds à ciel ouvert. L'écho de nos pas nous précède, renvoyé soudain par une façade noire. Une rue étroite finit sur une cour vide et nous écoutons une fontaine qui coule, une rue au-dessous de nous.

Nous faisons un grand tour, sans croiser âme qui vive, comme si nous nous promenions dans les rues de la citadelle du *Désert des Tartares,* la fabuleuse Bam qui dort au cœur de la Perse. Enfin des lumières, nous arrivons sur la place du palais de l'archevêque, et c'est la pâtisserie illuminée qui continue à vendre ses glaces à tous les parfums, aussi délicieuses et variées que chez les plus réputés des glaciers de Paris ou d'Amérique. Mais dix, quinze mètres plus loin, c'est de nouveau la ville du silence et de la nuit. Je n'ai jamais eu d'impression aussi curieuse et il faudra en plein jour l'animation retrouvée pour que j'imagine avoir rêvé ma soirée de la veille.

Et le lendemain, la mystérieuse promenade nous entraîne de nouveau dans les rues désertes, comme si un enchantement frappait Rieti la nuit tombée.

Un regard de l'au-delà.

Éternelles, villes des morts

En Étrurie, ce sont les morts qu'on vient voir. Les touristes s'imaginent passer le fleuve des Enfers pour le prix d'un billet de spectacle, mais cependant ce sont les villes des morts qui sont vivantes, vivantes muettes d'une civilisation disparue dont la langue reste indéchiffrable. Souterraines, elles attirent dans leurs maisons, où pour oublier le monde de surface une vie nouvelle n'en perpétue que les plaisirs. En dessous de Chiusi, d'Orvieto, de Cerveteri, de Tarquinia dorment des rêves de plein air, images de festins et de joies sensuelles. Un Josué d'outre-tombe a arrêté un soleil noir, et les désirs d'une vie animale sont fixés à jamais dans des secondes mortes. La vie réelle, n'était-ce que cela? Et la mort, n'est-ce qu'un escalier ténébreux aux marches incertaines, ces antichambres et ces chambres où les murs sont des chants de regrets? La vie était magnifique, la jeunesse avait le monde pour elle... Rome a mis un terme à tout cela. Mais Rome n'était qu'une figure du Temps qui est le seul vainqueur de tout combat particulier avec la vie.

Le sourire étrusque, énigmatique si l'on veut, ironique aussi, cache une mélancolie poignante. N'est-il pas sur ces visages pour apprivoiser les démons de l'au-delà? On portait sous terre les délices de sa vie en offrande à l'inconnu, en obole pour que l'ombre ne pût dévorer que ces obstacles à la légèreté de l'être, et l'ombre des siècles nous a laissé sur les parois ces ombres de festins et ces éphémères plaisirs, mais un profil, un bras levé, et c'est la vie qui entre avec notre torche et ranime toute une humanité pareille à la nôtre dans le geste d'amour et d'amitié d'un jeune Étrusque qu'on ne croyait voué qu'à la chair.

1980. Todi. Les escaliers italiens entre l'opéra-bouffe et la tragédie, « Roméo et Juliette » ou « La Locandiera ».

Todi

Les rues italiennes sont des opéras. J'ai toujours été séduit par leur théâtre; tout est en place, le décor, les voix, la façon que le peuple a de se placer, comme si l'espace appelait un groupe ou un seul personnage, en situation en quelque sorte, mais cela n'a rien à voir avec l'artificiel, les coulisses font partie de la scène, c'est l'instinct profond de l'homme, son sens de la comédie et du drame, si proches, si intimement mêlés, on pourrait dire conjoints, c'est la vie qui court ou s'arrête dans ces rues chères à mon cœur. Et pourtant si en un éclair on reconnaît l'Italie, si le décor est *de famille*, si les voix modulent tout autrement à Gênes et à Tarente, ce n'est pas là la différence, les nuances viennent du caractère même des cités, certaines sont sérieuses, d'autres, malgré palais et couvents, rient au soleil. Eh quoi! je suis amoureux de l'Italie depuis le jour de mes seize ans où je me suis trouvé seul dans une rue de Venise, puis un peu plus tard chez une de mes sœurs à Rome, puis chez une autre à Gênes. L'Italie fait partie de ma jeunesse et je fais mien le cri des Troyens quittant Carthage : « Italie! Italie! »

Les villes que je préfère ont toujours été doubles, rêveuses et turbulentes (est-ce une projection profonde de leur *moi* et du *mien?*), villes d'universités le plus souvent; l'Italie est faite de ces petites capitales où l'univers expire aux portes de la cité. Mais je trouve parfois dans des villes plus modestes un autre charme, le bonheur simple d'être au monde a besoin aussi d'étapes de repos, je songe à Tromsoe dans le soleil d'une fin d'après-midi interminable de l'été nordique, à Bergame, à Brunn, à Zafra, partout où j'ai croisé du silence, le jour ou les jours où je m'y suis promené, c'est-à-dire où j'ai laissé un fantôme derrière moi.

Todi fait partie de cet enchantement. Todi médiévale et franciscaine. Hors la ville, en bas, l'église de Bramante (ou faite d'après ses plans) est posée sur sa pelouse comme un gros objet lourd et arrondi sur une table, mais, dès qu'on en franchit la porte, la coupole nous aspire. Toute la masse architecturale disparaît : on est à l'intérieur

Todi. Certains monuments sont parfaits comme un problème de géométrie résolu à tout jamais. Ici Santa Maria della Consolazione de Bramante.

1980. Todi. San Fortunato. J'étais venu pour Jacopone da Todi, en écrivant «Frère François»; j'ai vu, bien sûr, la fresque de Masolino, mais aussi ce «portrait» de la Lune (le Soleil lui faisait pendant). Les rêves d'enfants seraient-ils toujours les mêmes? →

d'une bulle de pierre; sans doute l'éclairage du soleil matinal ajoutait-il encore à la légèreté, mais la Renaissance atteint ici sa perfection.

Dans la ville haute, les escaliers sont partout présents comme dans un décor de Bibienna, ici pour monter au Duomo, là pour grimper au palais du Peuple ou à celui du Capitaine. C'est l'heure où tout le monde est dehors. Midi. Les voix italiennes volent d'un escalier à l'autre comme pour unir ce qui vient de mondes différents, étrusque et romain jusqu'au Risorgimento qu'on retrouve dans le théâtre rouge et or, énorme pour une petite ville, pareil à un livre de distribution de prix d'avant toutes les guerres, fait pour entendre *Gianni Schicchi* ou le diable un peu canaille de Boïto et, par un jour de faste, jetant dans les ruelles les flonflons de son orchestre, comme un poumon la respiration haletante d'un bal.

Sur la terrasse d'une place déserte, l'Ombrie nous est offerte : de chaleur tremble le paysage et jusqu'au clocher d'une église, en conbrebas dans la plaine, au moment précis où le chant de ses cloches nous parvient, si bien que c'est ce doux vacarme qui semble faire frémir toute la vallée dans ses ondes sonores, pareilles à un fleuve d'air caressant la terre heureuse.

A San Fortunato, ce n'est plus un escalier, c'est une colline de marches. Dans l'église qu'on restaure, je descends au tombeau de Jacopone da Todi, Fra Jacopone, le troisième poète des Franciscains, j'allais écrire des Italiens tant pour moi ces deux noms se confondent. Après le *Dies Irae* de Celano, le *Stabat Mater*, après la terreur de l'homme jeté dans l'épouvante royale de la mort, l'émouvante tristesse, la douceur déchirée de sa mère, puisque Dieu, mort pour chacun de nous, est dans chaque mort. Et Jacopone rejoint en mineur le cantique des créatures.

Dans une chapelle la fresque de Masolino est protégée par un filet et je ne fais que l'entrevoir, mais sur une autre paroi une lune-soleil regarde les échafaudages, tout étonnée d'être là, à une heure sans ombre...

En fin d'après-midi, à Ponte San Giovanni, où François d'Assise porta son armure pour la première et la dernière fois à la bataille. Le Tibre est large et les reflets du soleil y sont sanglants. Tout cela me serre le cœur, car c'est ici, en dépit des siècles, jusqu'à la tour de Collestrada sur la colline, qu'eut lieu le combat qui nous valut un François promis à une plus grande gloire. Et, au couchant, notre époque disparaît, aucune lumière moderne n'est visible, un instant le

L'hypogée des Volumni, à Pérouse. Le retour dans le ventre de la terre-mère.

XIIe siècle m'est donné avec ces larges lueurs dans le fleuve, l'herbe un peu rosâtre, le silence du vent... De l'autre côté, sur l'autre rive, à l'Hypogée des Volumni, nous descendons dans les entrailles de la terre. Un escalier sombre nous mène à une porte ou plutôt un trou que cerne une toison d'humidité verte. La lumière parcimonieuse d'ampoules jaunâtres prête à cette nécropole familiale l'air d'une cave pour conspirateurs de l'au-delà, malgré les jolis visages sculptés aux angles de tombeaux d'albâtre. Ici point de fresques, du marbre, de la pierre et de la terre battue, la mort est sérieuse. C'est le rendez-vous de l'ombre et de l'absence de tout bruit, cette absence si étrangère au silence, si terrible, si inhumaine. Revenir à la lumière, même dans un jour crépusculaire, est une re-naissance et cela se sent dans le passage de cette sombre ouverture par où nous rentrons dans le monde vivant.

Pérouse, le soir. La ville est bruyante, les maisons se sont vidées sur le Corso. Là, sur une place une estrade, sur l'estrade un gros orchestre qui joue du Strauss *(Tonnerre et Éclairs)* à l'italienne, avec d'autres bonds qu'à Vienne, du Rossini (l'ouverture de *Bajazet*), des airs de danse qu'on écoute, sans cesser d'aller et venir d'une place à l'autre, de manger des glaces, de s'interpeller, jeunes ou vieux, tous pressés par cette fureur de vivre qui est le propre de notre monde fin de siècle, devenu si extérieur, mais aussi si fraternel. Et le soir se passe et le bruit ne diminue pas. La musique s'enfle, elle atteint son crescendo dans un ballet oublié de Catalani, et le souffle devient de plus en plus baroque, mais ne retombe pas. Vivre, c'est aussi montrer qu'on vit; la joie italienne donne de la voix, et l'heure nocturne est effacée par cette lumière sonore, comme s'éloigne dans mon souvenir l'excursion de tout à l'heure, à la brune, sur l'autre rive du fleuve des vivants.

Bergame

En haut, dans la vieille ville, au détour de la rue étroite qui tourne en montant, une boutique nous lance au visage ses deux vitrines bourrées de brioches et de *panettone* de toutes sortes où brillent des morceaux de cédrat et de verte angélique, une décoration de petits pains étranges et de gâteaux meringués, un vrai retable baroque; et plus loin, ce sont des bouteilles de toutes tailles, certaines dans leur corset de paille grimpant tout au haut de leur col de héron, qui à leur tour témoignent de la fantaisie d'un épicier, n'en déplaise à Balzac. Je pense en moi-même : « Jamais deux sans trois », verrai-je une façade de jambons? Et la voilà : le parme et le san Daniele s'entrecroisent, des salamis pendent, la mortadelle offre à l'œil étonné des tranches roulées et piquées sur de fines aiguilles de bois. Ces fanions de la gourmandise victorieuse partent à l'assaut de tomates, artichauts et champignons confits dans l'huile et pressés dans leurs citadelles de bocaux. Mais le plus beau restait à venir : un triomphe de pâtes. Autant que j'aie pu voir, car une foule s'y pressait, la boutique entière se tapissait, comme le palais de Dame Tartine, de lasagne, spaghetti, cappelleti et autres tagliatelle, avec tout autour de la devanture, en rose, en rouge tomate, en vert éteint ou couleur d'épinard, des tortelloni formant des paysages à rendre jaloux Arcimboldo et Momper. Cependant, nous allons déjeuner sur la place; le restaurant est aussi joyeux que la piazza semblait austère, magnifique, mais austère avec son Palazzo della Ragione, grande halle sombre, sans doute par association d'idées.

L'ensemble, avec les arcades par lesquelles on gagne la chapelle des Colleoni, où le condottiere a trouvé ici un tombeau aussi fier que son arrogante statue à Venise, fait songer à une gravure à la manière noire, et le plein soleil effaçant les couleurs accentue cette impression d'eau-forte. *De la grandeur* est le commentaire secret de toutes ces pierres.

X

Les villes en X que j'ai connues ou simplement traversées ne sont pas si nombreuses et ni Xeres d'Andalousie ni Xanten en Prusse ni Xenia sur le Mississippi n'ont marqué mon souvenir. Pour moi, X est la lettre du mystère de l'avenir.

Il y a des noms qui font rêver, mais qui sont déjà tout entier *visibles* dans leurs syllabes. Un des noms les plus singuliers que je connaisse est celui de Nomura. Il touche dans mon cerveau la case magique des souvenirs imaginaires, il évoque un monde impossible où, dans les profondeurs d'un miroir de bronze, de longues avenues de palais anciens se reflètent comme dans un étang. Des pivoines blanches s'effeuillent dans la nuit; des rêves qui viennent de l'aube de la création remontent à la surface des yeux que l'insomnie tient grands ouverts, et je me retrouve tout à coup dans la cour déserte où ma pensée va se reposer et se rafraîchir quelquefois, la vaste cour aux pavés millénaires qui brillent sous la pluie. Où est-elle? Je n'en sais rien. Des dieux de pierre la regardent de leurs prunelles aveugles, et elle attend la fin du monde dans la pluie du petit jour.

Mais X, c'est la ville qui n'existe pas encore, celle dont l'architecture doit être inventée, peut-être simplement une ville *naturelle,* une ville d'arbres et d'eau, où l'homme aura enfin l'espace autour de lui. Bien sûr il y a du rêve dans mon désir, mais l'avenir est fait d'abord de rêves et ce sont ces rêves qui heureusement conduisent les hommes vers Demain...

Un sourire. Dans cette ville future déjà un habitant : la pub.

Berlin

Berlin. Le « métro » à Savigny-Platz. On a peint la locomotive sur le mur aveugle des maisons qui donnaient sur la gare.

1981. Berlin. « Ce mur doit être détruit ! »
On a fini par se rendre à l'injonction.

1982. Berlin. Charlottenburg. On m'avait dit : « Il fait très froid, l'hiver à Berlin dure des mois... » Oui, mais il y a la neige...

1984. Berlin. En attendant le bus, les mannequins aussi ont le droit de gagner leur vie, si je puis dire.

Berlin. A la Nationalgalerie. « Le Capricorne » de Max Ernst. Après le temps du Verseau, dans moins de deux millénaires, nous entrerons dans le règne du Capricorne, sous le signe de la discipline, du sérieux et du devoir. Hum ! Je préfère vivre maintenant !

On me demande parfois pourquoi j'aime tellement Berlin. Regardez cette photo, elle vous expliquera comment on entre dans un rêve.

Ce livre comprend de nombreux passages du Journal *de Julien Green n'existant actuellement que dans l'édition de la Pléiade, des textes inédits et un ensemble de photos également inédites prises par l'auteur, tout au long de sa vie.*

Table

Du même auteur

AUX ÉDITIONS DU SEUIL

ROMANS

Mont-Cinère
Adrienne Mesurat
Léviathan
Épaves
Le Visionnaire
Minuit
Varouna
Si j'étais vous
Moïra
Le Malfaiteur
Chaque homme dans sa nuit
L'Autre
Le Mauvais Lieu
Dixie. I. Les Pays lointains
Dixie. II. Les Étoiles du Sud

NOUVELLES

Le Voyageur sur la terre
Histoires de vertige

THÉÂTRE

Sud - L'Ennemi - L'Ombre
Demain n'existe pas - L'Automate

AUTOBIOGRAPHIE

Jeunes Années 1 et 2

BIOGRAPHIES ET ESSAIS

Frère François, *vie de François d'Assise*
Le Langage et son double
Suite anglaise
Paris
Liberté chérie
La Nuit des fantômes, *conte pour enfants*

JOURNAL

XI. La terre est si belle..., 1976-1978
XII. La Lumière du monde, 1978-1981
XIII. L'Arc-en-ciel, 1981-1984
XIV. L'Expatrié
Journal du voyageur

À PARAÎTRE

Le Grand Soir, *pièce en 3 actes*
Jeunesse immortelle
Une chasse spirituelle
Idolino

AUX ÉDITIONS GALLIMARD

ŒUVRES COMPLÈTES

tomes I, II, III, IV, V, VI
tome VII en préparation
Bibliothèque de la Pléiade

Pamphlet contre les catholiques de France
coll. « Idées »
Ce qu'il faut d'amour à l'homme, *coll. « Idées »*
Une grande amitié *(correspondance avec Jacques Maritain), coll. « Idées »*
L'Autre Sommeil, *roman, coll. « L'Imaginaire »*
Qui sommes-nous ? *épuisé*

Les volumes I à X du Journal ne se trouvent disponibles que dans La Pléiade, vol. IV, V et VI.

JOURNAL

I. Les Années faciles, 1926-1934
II. Derniers beaux jours, 1935-1939
III. Devant la porte sombre, 1940-1943
IV. L'Œil de l'ouragan, 1943-1945
V. Le Revenant, 1946-1950
VI. Le Miroir intérieur, 1950-1954
VII. Le Bel Aujourd'hui, 1955-1958
VIII. Vers l'invisible, 1958-1966
IX. Ce qui reste de jour, 1966-1972
X. La Bouteille à la mer, 1972-1976

Dans la gueule du Temps,
journal illustré, 1926-1976, *épuisé*

ŒUVRES EN ANGLAIS

The Apprentice Psychiatrist
The Virginia Quarterly Review, 1920

Memories of Happy Days
New York, Harper, 1942; Londres, Dent, 1942

Traductions de Charles Péguy :
Basic Verities, Men and Saints, The Mystery of the Charity of Joan of Arc, God speaks
New York, Pantheon Books, 1943

Memories of Evil Days
University of Virginia Press, 1976

Photogravure : Arciel Graphic

ACHEVÉ D'IMPRIMER PAR MAME IMPRIMEURS À TOURS.
D.L. SEPTEMBRE 1990. N° 12464.